VOYAGE

AU

CENTRE DE LA TERRE.

VOYAGE
AU CENTRE DE LA TERRE,

OU

AVENTURES DIVERSES DE CLAIRANCY ET DE SES COMPAGNONS, DANS LE SPITZBERG, AU PÔLE-NORD, ET DANS DES PAYS INCONNUS.

Traduit de l'anglais de M. Hormidas-Péath;

Par M. JACQUES SAINT-ALBIN,

Auteur ou traducteur des *Contes noirs*, des *Trois animaux philosophes*, des *Voyages de Paul Béranger dans Paris*, du *Droit du seigneur*, etc.

TOME DEUXIÈME.

PARIS,
CHEZ CAILLOT PÈRE ET FILS, LIBRAIRES,
rue Saint-André-des-Arts, n° 57.

1821.

ÉPERNAY, DE L'IMP. DE WARIN-THIERRY.

VOYAGE

AU

CENTRE DE LA TERRE.

CHAPITRE XIII.

Le Monde souterrain. Petits hommes. Lumière du soleil. Phénomène.

CLAIRANCY se mit à notre tête, et nous conduisit au sommet d'un rocher voisin, d'où nous aperçûmes la campagne. Nous n'étions heureusement qu'à peu de distance des terres végétales. On se figurera aisément notre joie, à l'aspect de la belle nature : des champs couverts d'herbes fraîches, des plaines émaillées de fleurs, des arbres chargés de fruits, des ruisseaux, des forêts, en un mot, le pays le plus fertile se développait devant nous. Nos yeux, fatigués du spectacle uniforme que présente de toutes parts le triste sol du Spitzberg, croyaient jouir ici de la vue d'un paradis.

Mais nous étions épuisés de lassitude, et nous avions au moins trois heures de route à faire pour sortir des rochers d'aimant. C'est pourquoi on étala d'abord les provisions que les quatre derniers venus avaient apportées du globe terrestre sur leurs épaules, et on se disposa à les achever. Hélas ! tout était gâté, fétide, dégoûtant..... — Ou notre chute a été bien longue, dit alors Edouard, ou l'air de ce pays-ci est bien vif..... — Quoiqu'il en soit, interrompit Tristan, nous jeûnons aujourd'hui, et d'obligation..... Reprenons donc un peu de courage, et descendons dans la plaine.

Toute la petite troupe se leva aussitôt, et se mit en marche; la faim qui nous talonnait ne nous permit pas d'écouter la fatigue, et nous descendions rapidement vers les terres cultivées. — Or ça ! s'écria Williams en cheminant, nous sommes à coup sûr les premiers qui ayons découvert ce monde-ci. J'en prends possession au nom de l'Angleterre. — Et moi, reprit le Manseau, au nom de la France. — Soit, répartit Williams, si on nous en fait vice-rois, nous partagerons....

Ce commencement de dialogue nous apprêtait à rire. Clairancy l'interrompit au moment où de grandes discussions politiques allaient s'engager entre les deux vice-rois : — Voilà bien les hommes, dit-il, une sotte vanité leur persuade qu'ils sont les maîtres partout..... Eh ! pauvres fous, qui vous l'a donné ce monde, pour que vous en preniez possession ? — Qui a donné les Indes aux Espagnols, répliqua fièrement Williams ? qui nous a donné tant de pays, que nous avons pris ? — L'injustice, la violence, le droit des armes....... Et quand nous aurions sérieusement des prétentions sur un pays découvert, quel est notre nombre ? quelles sont nos forces ?... nous sommes six, désarmés, à moitié déguenillés... — Et puis, dis-je à mon tour, pensez-vous établir une communication entre ce globe et le nôtre? auriez-vous une imagination assez complaisante pour vous figurer qu'il nous soit jamais possible de sortir d'ici? Songeons à notre vie, et non à l'ambition.

— En ce cas, interrompit le Manseau, sans trop s'attrister de ce que nous perdions, nous apporterons ici les lumières européennes. — Si on en a besoin, reprit Clairancy, et si on veut bien les recevoir; en attendant, il se peut que nous entrions chez un peuple féroce...... — Oh! pour cela, ajouta Edouard, je crois que nous pouvons nous rassurer. Cette terre où nous nous trouvons est au centre du globe sublunaire que nous venous de quitter; elle doit former un globe d'une petite dimension, et par conséquent être peuplée de petits hommes. — C'est possible, reprit le Manseau; mais nous n'avons point d'armes, nous sommes en petit nombre, et des hommes de trois pieds peuvent être des brigands, aussi bien que les géants de cinq pieds quatre pouces.

En ce moment, comme nous n'avions plus que quelques centaines de pas à descendre pour toucher enfin la terre, Edouard nous fit remarquer plusieurs petits hommes qui dînaient sous un arbre au-dessous de nous. — Grand dieu! s'écria Williams, quelle race de nains !.... Mais nous allons être adorés dans le pays, quand on saura que nous venous d'en haut....—Nous sommes assez rayonnans, reprit Edouard, pour nous attendre à être adorés !... contentons-nous d'être bien accueillis. — N'importe, nous serons ici des êtres surnaturels, des anges, des génies, peut-être des dieux ? — Ou des démons, si l'on en a partout.

Williams nous annonçait déjà qu'on allait venir au-devant de nous ventre à terre, avec des génuflexions et des vivres. Malheureusement pour son pronostic, les petits hommes ne nous eurent pas plutôt aperçus, qu'ils prirent la fuite, en poussant des cris d'effroi.

Pendant que Martinet reprochait à Williams que ses prophéties portaient malheur à la petite troupe, nous ne pensions pas sans inquiétude aux suites de cette frayeur que nous venions d'inspirer aux habitans. — Ne nous troublons pas d'avance, dit Clairancy; la Providence qui nous a conservés jusqu'à ce moment veillera encore sur nous, et avant peu nous serons, je l'espère, les amis de ces gens-là qui nous fuient.

La petite troupe mit alors le pied sur la terre végétale. Des arbustes se présentaient devant nous, chargés de fruits qui nous paraissaient murs; chacun se mit à en cueillir, et nous en fîmes un repas délicieux.

Ces fruits n'excédaient pas la grosseur d'une noix d'Europe; cependant il n'y en avait guère de plus gros dans le pays. Ils étaient d'un rouge de sang, et avaient le goût de nos pêches, avec un suc plus nourrissant et un parfum plus tendre.

Pendant que nous achevions notre frugal repas, nous vîmes reparaître une troupe de petits hommes, semblables à ceux que nous avions aperçus d'abord. Ils s'étaient approchés de nous, sans bruit, à travers les taillis et les landes, et ils se trouvaient alors à cinquante pas de l'arbre où nous étions assis. Nous nous levâmes à leur aspect ; mais aussitôt qu'ils nous virent debout, ils prirent encore la fuite, à pas précipités, en poussant des hurlemens aigres et en regardant derrière eux si nous les suivions.

Williams manifestait le désir de les poursuivre et d'en attraper quelques-uns ; nous lui fîmes sentir que ce serait un mauvais moyen pour nous gagner l'affection de ces peuples, que d'employer la violence. D'ailleurs, l'énormité de notre chute et la fatigue du chemin que nous venions de faire, pour descendre du rocher d'aimant dans la plaine, nous avait tellement abattus, qu'il nous eût été impossible de courir cent pas. Nous restâmes donc en repos, attendant qu'il plût au ciel de nous faire trouver un bon accueil chez ce petit peuple. En même temps nous commençâmes un long entretien et de grandes conjectures sur ce que nous venions de voir. Je n'en fatiguerai point le lecteur. Je lui dirai seulement que les petits hommes que nous venions de voir étaient vêtus de peaux de bêtes, et que la couleur de leur teint était verte comme l'olive. Leur figure nous avait paru extrêmement longue; et quelques-uns de nous doutaient si c'étaient bien des hommes. Ils avaient des bras et des jambes conformés à peu près comme les nôtres. Quant à leur voix, elle ne ressemblait point à la voix humaine. Nous ne les revîmes plus ce jour-là, et la nuit vint, si on peut appeler nuit une obscurité momentanée causée par des brouillards.

Nous nous enfonçâmes dans un petit bois, où chacun se cacha le mieux qu'il pût pour dormir, sous la surveillance de l'un de nous, qui était relevé d'heure en heure.

Le lendemain matin, nous éprouvâmes une surprise qu'il m'est tout à fait impossible d'exprimer; et je crois que le lecteur sera au moins aussi étonné que nous; je veux dire que nous fûmes éveillés par le soleil.... Ce prodige nous jeta dans un nouvel embarras et dans des doutes universels. Nous fûmes de nouveau tentés de nous croire encore bercés par les chimères d'un songe; mais comment se faisait-il que le rêve de tous fût le même. D'ailleurs le rêve était déjà trop long.

Cependant, nous dit Edouard, nous nous sommes enfoncés sous le globe; la superficie de la terre est au-dessus de nos têtes; le soleil n'éclaire plus les pôles, et nous le voyons d'ailleurs presque sur nous, loin de l'ouverture polaire. La terre que nous avons quittée serait-elle transparente?

— Je crois qu'il n'y a rien de tout cela,

repartit le Manseau, et voici le moyen de nous accorder avec la vraisemblance. Nous nous sommes trompés quand nous avons cru que nous descendions au centre de la terre. La frayeur nous a persuadé que nous tombions, quand le tourbillon nous élevait en haut au lieu de nous jeter en bas, comme nous l'avions pensé d'abord. Je crois donc, qu'au lieu d'être dans un pays souterrain, ce qui est impossible, si nous consultons nos sensations et tout ce qui se passe autour de nous, nous sommes dans la lune. Alors, il est naturel que nous y voyions le soleil, puisque la lune est dans l'espace. Il est naturel aussi que nous y trouvions des hommes plus petits que nous, puisque la lune est cinquante-cinq fois plus petite que la terre d'où nous sortons.— Ton erreur me séduisait d'abord, interrompit Clairancy; mais, après y avoir réfléchi un instant, je te vais prouver que ton système n'a point de fondement. D'abord, si nous avions été transportés dans la lune, comme tu le prétends, nous serions morts en route, puisque cet astre est à quatre-vingt-dix mille lieues de la terre, dans son point le plus éloigné, et à soixante-seize mille dans son point le plus rapproché. Ensuite, puisque la lune éclaire la terre en l'absence du soleil, la terre doit rendre le même office à la lune; et depuis plus de vingt heures que nous sommes ici, nous n'avons rien vu que le soleil qui vient de paraître. Et puis, dans la journée d'hier, nous avons joui long-temps d'une lumière pure, sans savoir qui nous la donnait. Si nous étions dans la lune, comme tu veux en élever la pensée, nous aurions vu le soleil tout le temps que nous avons eu la lumière. Enfin, en supposant que la frayeur nous ait empêché de rien voir au moment de notre chute, j'éleverais des doutes sur notre situation, si nous avions tous éprouvé des sensations différentes. Mais comment aurions-nous monté, quand nous sommes tous persuadés que nous avons descendu. Or donc, voici le plus vraisemblable de tous les systêmes que nous pouvons nous forger. La superficie de notre globe est percée, dans certains pays, de volcans, de montagnes entr'ouvertes, de précipices sans fond; il se peut que ces volcans et ces précipices traversent toute l'épaisseur de la terre, et quand le soleil darde ses rayons sur notre globe, quand il passe au-dessus de ces ouvertures, il y jette sa lumière et sa chaleur, qui vient par ce moyen jusqu'ici. Si ce que je suppose est vrai, c'est peut-être encore à cette cause que l'on doit attribuer la source des flammes volcaniques, et des exhalaisons souterraines, etc.

Quoique ces conjectures nous parussent d'abord extravagantes, nous nous y rendîmes cependant, quand nous vîmes, qu'après avoir brillé une heure au-dessus de nous, le soleil disparut subitement, et qu'il se remontra six heures après dans un autre endroit du ciel. Il n'y avait point de nuages qui pussent le dérober à nos yeux, et il s'évanouissait au milieu de l'azur. Pendant tout le temps que nous passâmes dans le globe souterrain, nous vîmes constamment la même chose. Dans certains pays, le soleil se montrait deux fois par jour ; dans d'autres, il ne paraissait qu'une seule fois, mais toujours pendant une heure ; et jamais il ne manquait de paraître. Et cependant, malgré l'absence du soleil, on jouissait pendant tout le jour de la lumière la plus douce, soit que cet astre jetât des flots lumineux par les deux ouvertures des pôles, en assez grande abondance pour éclairer continuellement le petit globe, soit qu'en lançant ses rayons dans la journée, par les pores de la terre, le ciel du pays conservât assez de reflets pour que la nuit ne vînt qu'à son tour.

Mais je déraisonnerais en m'étendant plus long-temps dans ces discussions épineuses, et peut-être l'ai-je déjà fait. Aucun de nous n'était grand physicien; et Clairancy, qui se mêlait un peu d'astronomie et de physique, n'élevait toutefois que des doutes, sans oser rien décider. Nous nous en rapporterons donc au jugement des gens plus savans que nous dans ces matières.

Je ne dois pas oublier, non plus, de parler d'un phénomène qui ne nous causa pas moins d'embarras que la vue du soleil. Nous nous attendions à trouver les jours et les nuits distribués comme dans notre globe; mais partout, et constamment dans cette planète centrale, les jours sont d'environ dix-huit heures, et les nuits d'à peu près six. Les saisons y sont aussi toujours tempérées, et l'on a peine à distinguer l'hiver du printemps et de l'automne. L'été, c'est-à-dire, la saison des grandes récoltes, est seul un peu plus échauffé. Au reste, il y a dans le pays des fruits et des légumes en tout temps. Les nuages sont très-rares dans le jour, mais ils sont très-épais la nuit. Pendant ce temps, on aperçoit au ciel des foyers de lumière, que nous aurions pris pour des étoiles, si nous n'avions pas su que la terre était au-dessus de nous. Il nous sembla donc raisonnable de penser que ces astres étaient des racines volcaniques, ou des particules ignées, ou des météores inconnus pour nous.

Mais, je le répète, nous nous contentons d'affirmer l'existence de ces phénomènes, sans rien décider sur leur nature et leurs causes. — La suite de nos aventures surprendra peut-être encore davantage.

CHAPITRE XIV.

Sauvages du petit globe. Réception singulière.

Pendant que nous disputions sur les diverses surprises que nous venions d'éprouver, la faim vint se faire sentir. Nous nous avançâmes dans la plaine, et nous mangeâmes les premiers fruits qui se présentèrent. Mais après avoir marché une bonne heure à la recherche de quelque village, sans trouver la plus petite cabane, nous aperçûmes devant nous une espèce d'autel de gazon. Nous y dirigeâmes nos pas. Cet autel était sur le bord d'un fossé assez profond. On y avait mis six bêtes grises égorgées, un peu plus petites que les chats d'Europe. C'étaient six cochons du pays. Il y avait au pied de l'autel quelques herbes brûlées.

Nous étions occupés à chercher ce que voulait dire cet autel, et ce sacrifice à demi-consumé, quand nous aperçûmes, de l'autre côté du fossé, une troupe innombrable de petits hommes, comme ceux que nous avions vus la veille. Quelques-uns se détachèrent et s'avancèrent à vingt pas de nous. Ils n'avaient pas vingt pouces de haut; et nous reconnûmes, en les voyant de près, qu'il nous eût été impossible de les distinguer de loin, parce qu'ils étaient aussi verts que les arbres et les buissons. Ce qui nous avait fait croire qu'ils avaient la figure si longue, c'était une grande barbe qui leur descendait à tous jusque sur la poitrine, et qui avait le même teint, à peu de chose près, que le reste de leur figure. Nous ne pûmes voir leurs femmes que de loin; elles nous parurent assez bien faites.

Aussitôt que le détachement de petits hommes qui venaient à nous fut arrivé sur l'autre bord du fossé qui nous séparait, ils se mirent à genoux, et baisèrent la terre. Les plus apparens d'entr'eux avaient d'énormes bonnets bruns et des ceintures de même couleur. Nous ne nous trompâmes point, en les prenant pour les prêtres du pays. Ils commencèrent à marmotter quelques prières, en frappant de temps en temps la terre de leur front, ce qui ne leur faisait pas grand mal, à cause des coussins de peaux de bêtes qui étaient dans leurs turbans. Ensuite ils se levèrent, et nous firent signe de prendre les six victimes qui étaient sur l'autel. Nous fîmes ce qu'on nous ordonnait; nous remarquâmes que ces six cochons avaient les entrailles vides, et qu'on les avait fait cuire dans leur peau. Ces circonstances nous donnèrent quelque joie, parce qu'elles nous promettaient un bon repas. Chacun de nous s'empara donc du cochon qui lui était destiné.

Je dois dire ici, pour l'éclaircissement de ce qui va suivre, que la couleur de la joie, chez ce peuple sauvage, était le vert, et la couleur de la tristesse, le gris feuille-morte; que l'on nous prit pour des génies malfaisans, parce que nous étions longs et pâles ; qu'on nous offrit six victimes d'expiation pour nous appaiser, et que les prières que les prêtres avaient faites devant nous, devaient nous conjurer et nous obliger à partir aussitôt que nous aurions pris notre proie. Nous ne sûmes tout cela que quelques instans plus tard.

Pour le moment, loin de penser à nous retirer, après avoir pris les six cochons, nous ne songeâmes qu'à remercier les petits hommes. Comme ils virent que nous ne battions pas en retraite, ils se mirent à pousser des huées, et à faire pleuvoir sur nous une grêle de pierres. Ce traitement nous parut si inconcevable, que nous nous éloignâmes au plus vite ; c'était ce qu'on attendait. Mais Williams, qui n'était pas endurant, s'écria qu'il voulait savoir ce que prétendaient ces gens-là ; et en même temps, malgré quelques mots que nous lui criâmes pour l'arrêter, il franchit rapidement le fossé qui nous séparait des petits hommes, et courut sur eux pour en attraper un. Le peuple rassemblé n'eut pas plutôt vu à ses trousses un de ces géans qu'il redoutait si fort et qui faisait de si grandes enjambées, que tout le monde prit la fuite. Williams s'avisa, pour les arrêter, de pousser un cri terrible, de toutes les forces de sa poitrine. Alors les petits hommes se couchèrent à terre; et les prêtres, voyant bien que le mauvais génie était irrité, s'arrêtèrent tout à coup pour engager le peuple à appaiser sa colère. Quelques-uns des plus peureux, pensant que nous serions satisfaits si l'on nous donnait une victime, saisirent un de ces prêtres, et le présentèrent, malgré ses cris, à Williams. Comme c'était tout ce que notre compagnon demandait, il prit le pauvre prêtre sous son bras, et se hâta de nous l'apporter. Pendant ce temps-là toute la foule disparut aussi vite qu'il lui fut possible.

Nous cherchâmes alors à rassurer, à force de caresses, le petit homme vert que Williams nous avait amené. Il nous fallut plus d'une heure pour calmer les craintes qui l'avaient mis à l'agonie, et il nous fit entendre, dans la suite, qu'il s'attendait, en tombant entre nos mains, à être mangé tout vivant.

Quand nous eûmes un peu dissipé ses frayeurs, nous commençâmes notre dîner avant de lui faire aucune question. Il refusa d'en prendre sa part, à cause que les animaux que nous mangions étaient d'une couleur impure. Si les bons procédés dont nous usions à son égard pouvaient le persuader que nous n'étions pas des êtres malfaisans, ces idées se détruisaient dans son esprit, par le plaisir que nous prenions à manger des animaux d'expiation. Aussi nous regardait-il dévorer, avec stupeur, ce qu'il jugeait digne seulement de la bouche des démons. Cependant il pouvait avoir faim; nous lui demandâmes par signes ce qu'il souhaitait pour son dîner. Il nous montra les fruits d'un arbre voisin. Tristan lui en apporta aussitôt en abondance ; il en prit quelques-uns, et dîna fort sobrement. Notre repas, à nous, fut délicieux, parce que la chair d'expiation était extrêmement tendre, et d'assez bon goût.

Après cela, Édouard lia avec notre petit homme une longue conversation en pantomime. Nous apprîmes de lui que la peuplade dont il faisait partie, vivait dans les bois, sans cabane, sans habitation fixe, en un mot, qu'ils étaient sauvages et éloignés de toute civilisation. Cette horde admettait des divinités et une autre vie. Voici là-dessus leur système, aussi bien que nous pûmes le comprendre.

Il y avait au commencement un bon génie ou un dieu, dont l'origine est inconnue. Il vivait avec sa femme dans la partie élevée du pays. Son pouvoir eût été sans bornes ; mais il était balancé par la puissance d'un mauvais génie ou démon, qui répandait le mal sous les pas du génie du bien. Ce démon avait aussi une femme qui l'égalait en méchanceté. Le bon génie n'eut point d'enfans ; mais le mauvais génie en eut un très-grand nombre, parce que sa femme ne cessait d'en faire depuis le commencement du monde.

Quand les hommes eurent été créés, ils adorèrent le génie du bien, et ne pensèrent pas d'abord à gagner les bonnes grâces du génie du mal. Le génie du mal en fut jaloux, et leur voua une haine implacable. Les hommes, effrayés, érigèrent alors des autels au mauvais génie, à sa femme et à ses nombreux enfans. On négligea peu à peu le culte du génie du bien, qui n'était qu'un culte d'amour, et on institua des prêtres pour entretenir grassement les autels du génie du mal, qui était servi par la crainte, et conséquemment bien servi.

Or, les peuples de cette contrée, se trouvant plus malheureux que fortunés, ne virent bientôt plus le génie du bien, et s'en crurent abandonnés, parce que leur imagination leur présentait plus de peines que n'en avaient eues leurs pères. Ils trouvèrent partout au contraire le génie du mal, puisqu'ils ne se croyaient entourés que de maux. Ils attendaient une autre vie, qu'ils embellissaient de tous les plaisirs sensuels. En l'attendant, ils cherchaient autant que possible à se garantir des piéges des mauvais génies, qui se montraient de temps en temps, jamais dans le lieu où l'on contait la chose, mais toujours dans le pays voisin.

Quand on nous vit, on nous regarda comme un détachement de ces mauvais génies dont on parlait tant; notre taille était à peu près celle qu'on leur donnait. On chercha à nous appaiser; mais comme on remarqua que nous ne nous retirions pas après avoir pris ce qu'on nous offrait, on nous chassa à coups de pierres, suivant une vieille croyance du pays, qui enseignait qu'on chassait les êtres malfaisans par la force, quand on n'avait pu le faire par les sacrifices et les conjurations. Enfin, lorsqu'on vit que Williams, au lieu de s'enfuir, se jetait sur les habitans, on pensa que les prêtres avaient mal fait les conjurations, et on nous livra le premier qui se présenta.

Nous comprîmes encore, dans les gestes du petit homme, que nous trouverions constamment des peuples sauvages sur notre route, en avançant du côté opposé au pôle, pendant dix journées, et qu'ensuite nous trouverions des villes. Alors sachant tout ce que nous voulions savoir, nous expliquâmes, le mieux qu'il nous fut possible à ce pauvre prêtre, que nous n'étions point des génies malfaisans; que nous venions d'un autre monde, où les hommes étaient des géans, et que nous n'avions aucune mauvaise intention. Après cela, nous lui fîmes quelques caresses, et nous le renvoyâmes. Il parut aussi surpris que joyeux de notre conduite à son égard, et retourna vers ses compagnons.

De notre côté, nous nous mîmes en marche pour découvrir un peuple moins peureux. Tout le monde fuyait devant nous; nous ne pouvions concevoir que les habitans de cette contrée eussent l'imagination si noire; le ciel y était toujours pur, la nature fertile.

Nous fîmes, en deux jours, les dix journées de chemin que nous avait annoncées le petit homme, pour parvenir à un pays plus civilisé. Alors nous entrâmes chez des peuples moins sauvages, qui avaient entendu parler de notre approche, et qui étaient déjà assez sages pour ne s'en point effrayer d'avance. Nous vîmes bientôt ces petits hommes ; leur teint était plus éclairci que celui de leurs voisins ; c'était un vert-jaune tendre. Ils vinrent en corps au-devant de nous, et nous demandèrent qui nous étions. Nous leur fîmes entendre que nous venions d'en haut, et que nous faisions partie d'un grand peuple de haute taille. Nous leur expliquâmes pareillement que nous ne voulions que vivre, et point du tout nuire à qui que ce fût. Là-dessus, ces gens nous conduisirent dans leur ville. C'était tout bonnement une forêt entourée d'un fossé. Les maisons étaient de petites cabanes de bois, bâties au pied des arbres. Nous ne pûmes y pénétrer; mais au moins on nous donna des vivres, et des peaux de bêtes pour passer la nuit.

CHAPITRE XV.

Nation policée. Lunettes à longue vue, etc.

Le lendemain on nous fit entendre qu'il fallait partir ; qu'on ne savait point assez si nous étions des hommes, ou des génies bons ou mauvais, pour nous garder plus d'une nuit; que si nous étions des hommes, notre nourriture était trop considérable; si nous étions de bons génies, il fallait plus de frais encore et des cérémonies religieuses; si nous étions des êtres malfaisans, on n'avait pas besoin de nous. Nous partîmes donc, puisque nous y étions forcés; et dans toutes les habitations que nous parcourûmes, pendant sept jours, on ne nous reçut que pour une nuit.

Mais les peuples devenaient plus éclairés et plus traitables à mesure que nous avancions. Lorsque nous fûmes arrivés chez la dernière de ces petites nations sauvages, on nous apprit qu'en traversant des landes étendues et inhabitées, nous trouverions un grand royaume, extrêmement peuplé, florissant et sans religion. Cette dernière circonstance nous parut si singulière et si incompatible avec un état florissant, que nous refusâmes d'y croire, et nous eûmes raison, comme on le verra dans la suite. Clairancy nous observa d'ailleurs que c'est assez l'usage aux peuples superstitieux, de regarder comme impies ceux dont la religion est simple.

Quoiqu'il en soit, nous quittâmes ces contrées garnies de forêts, de fruits, de plantes utiles, et peuplées d'animaux de tout genre. Nous n'en trouvâmes aucun qui ressemblât à ceux que nous connaissions sur le globe sublunaire, à l'exception des chevaux du pays, qui tenaient du mulet et du chien de berger d'Europe, et qui n'étaient pas plus gros que des moutons.

En traversant les landes, nous nous amusâmes à la chasse. Nous poursuivions les bêtes à la course, et nous en prenions de temps en temps quelques-unes. Nous nous étions fait d'ailleurs des espèces de frondes, comme nous en avions vues entre les mains des sauvages, et nous commencions à les manier passablement. Ces landes pouvaient avoir cinq ou six lieues de largeur ; elles ne produisaient que des buissons, et passaient là pour un désert. Nous y trouvâmes quelques œufs aussi gros que des œufs de pigeon. C'étaient les plus gros du pays, et les oiseaux qui les pondaient ressemblaient un peu aux autruches du monde sublunaire.

En sortant de ces landes, nous fûmes obligés de grimper une petite montagne qui faisait la frontière du royaume où nous allions entrer. Quand nous fûmes au sommet, nous nous crûmes transportés par un enchantement dans un monde imaginaire. Derrière nous se trouvaient les landes incultes, et devant nous la nature la plus riante déployait ses plus grandes richesses ; des fleuves, des sources vives, des campagnes fleuries, des moissons, des villages, des fermes ; en un mot, le plus agréable de tous les spectacles se présentait à nos yeux.

Nous nous arrêtâmes sur le gazon pour en jouir plus long-temps. Nous trouvions autour de nous des arbres chargés de fruits ; nous fîmes un repas champêtre, en tenant conseil sur la conduite que nous avions à suivre en entrant dans un pays qui nous paraissait civilisé; mais comme nous ne connaissions pas l'humeur des gens chez qui nous entrions, nous descendîmes la montagne, en remettant toutes choses entre les mains de la providence. Bientôt nous fûmes remarqués de trois petits hommes qui cultivaient un champ. Ils nous considérèrent long-temps ; puis ils s'avancèrent de quelques pas, pour nous voir de plus près ; et après qu'ils nous eurent bien toisés, ils s'enfuirent dans un petit bois peu éloigné. Ces trois hommes étaient blancs ; ils avaient deux pieds de taille tout au plus ; leurs vêtemens nous paraissaient de tissu, et non de peaux, comme ceux de la plupart des sauvages ; et ils avaient sur les épaules des instrumens de travail, qui nous semblaient d'airain. En un mot tout nous annonçait dès-lors une nation florissante, un peuple soumis à des lois.

La manière dont ces trois hommes nous avaient quittés n'était point une fuite, mais plutôt l'action de gens qui allaient avertir leurs compagnons, de l'arrivée de six géans dans le royaume.

Tandis que nous achevions notre repas, nous vîmes reparaître les petits hommes qui s'étaient éloignés à notre premier aspect; mais alors ils étaient accompagnés d'une foule si nombreuse, que nous en fûmes tout effrayés. Ils semblaient sortir d'un petit bois, et s'avançaient en bon ordre, sur six lignes, armés de longs bâtons : ils poussaient le cri de guerre, car ils nous avaient pris de loin pour des monstres inconnus, dont il faudrait peut-être arrêter la marche. Leur voix, répétée par une multitude d'échos, nous parut effroyable pour la taille de ces petits hommes. Quand ils furent plus près de nous, nous reconnûmes que les bâtons qu'ils portaient à la main étaient armés par les deux bouts de grandes lames de bronze. Cette particularité épouvanta le Manseau ; et moi-même j'avoue que je commençai à trembler pour ma pauvre existence ; mais Edouard s'efforça de nous rassurer, et nous engagea à attendre la troupe armée, jusqu'à la portée d'un jet de pierre. — Alors, continua-t-il, si, malgré notre apparence peu belliqueuse, ils nous montrent constamment des intentions hostiles, nous serons libres de fuir, et j'espère que nous ne les craindrons pas à la course......

Sur cet avis, la troupe se plaça

de front, et attendit, le bonnet à la main, ce que les patrons du pays allaient nous manifester.

Lorsque les cinq ou six cents nains, qui venaient à notre rencontre, se trouvèrent en face de nous, à la distance d'environ cent pas, le capitaine fit faire halte, et se mit, aussi bien que tous les siens, à nous considérer attentivement. Nous fûmes tout étonnés de voir qu'ils avaient des lunettes à longue vue, et qu'ils nous mesuraient depuis les pieds jusqu'à la tête. Après un long examen de nos personnes, on tint un petit conseil. On jugea, sur notre physionomie, que nous pouvions bien être des hommes, d'une nature étrangère, à la vérité; mais enfin des hommes ne sont pas toujours des monstres; et nous avions d'ailleurs un visage ouvert, outre que nous n'étions point armés.

C'est pourquoi on se décida à employer la voie des négociations avant de recourir aux armes. Le capitaine commanda à ses gens de tenir la pique en avant, pour venir à son secours, au cas qu'on nous eût mal jugés, et qu'il y eût du danger à s'approcher de nous. Ensuite il vint à notre rencontre, avec six habitans du pays, comme lui sans armes, pour nous marquer qu'il ne s'avançait pas en ennemi.

Nous l'attendions, la tête découverte et dans le silence, de peur de donner de l'ombrage aux petits hommes, par des entretiens qu'ils auraient pu prendre pour des complots : à mesure que les sept négociateurs approchaient, ils jetaient sur nous leurs regards, pour examiner nos gestes et notre posture. Clairancy s'aperçut qu'ils avaient le sein découvert, et la main droite sur le cœur. Il comprit que c'était là probablement leur manière de saluer, ou de montrer des volontés paisibles, et il se hâta de les imiter: nous fîmes tous la même chose, ce qui parut faire plaisir aux petits hommes.

Ils s'arrêtèrent cependant à vingt pas de nous, et nous firent des signes pour nous inviter à nous asseoir, parce que nous étions trop hauts. Chacun s'empressa d'imiter Williams, qui entendit le premier les signes qu'on nous faisait. Alors les sept petits hommes s'avancèrent à grands pas, et croisèrent devant nous leurs mains sur le cœur, en témoignage d'alliance : chacun de nous en fit autant. Après cela, ils nous demandèrent d'où nous venions? Nous leur montrâmes le ciel, c'est-à-dire, le globe terrestre, et nous leur fîmes comprendre que de longs malheurs nous avaient amené d'une façon extraordinaire sur leur globe. Ils parurent tout étonnés, et nous avouèrent depuis, qu'ils avaient eu bien de la peine à nous croire.

Mais pour le moment, et sans nous faire d'autre question, ils poussèrent le cri *Elbem !* (qui signifie *amis !*) en se tournant vers leurs compagnons. Toute l'armée accourut aussitôt, la pique sur l'épaule, et nous entoura avec tous les témoignages d'intérêt. Lorsqu'on nous eut bien considérés, on nous fit signe de nous lever, et on nous annonça par des gestes bien intelligibles, qu'on allait nous conduire à la bourgade prochaine.

Cette résolution, et tout ce qui venait de nous arriver, nous combla de joie. Nous nous mîmes en marche, en bénissant le ciel, et nous fûmes conduits en triomphe aux portes de la ville, où les femmes nous attendaient.

Mais il est temps de décrire, en peu de mots, les habitans de ce petit monde. Les hommes que nous avions sous les yeux n'avaient presque tous que vingt-deux pouces,

Un homme de deux pieds est pour eux de belle taille. Les femmes sont proportionnées aux hommes, c'est-à-dire, qu'on est belle femme quand on a dix-huit pouces. Leur figure est généralement régulière et bien faite, principalement celle des femmes, qui ont la peau d'un éclat éblouissant. Les hommes portent la barbe, des moustaches, et les cheveux flottans. Leur poil est ordinairement blond, quelquefois châtain, jamais roux, et très-rarement noir. Les habillemens des hommes sont taillés à peu près comme ceux des anciens grecs. Une tunique, des bottines larges, les jambes nues, ainsi que la tête, tel est leur costume ordinaire et extraordinaire. Les femmes s'habillent presque de même ;

toute la différence consiste dans la tunique, qui leur descend jusqu'à la cheville des pieds; elles portent les cheveux bouclés et flottans. Avec les dames qui venaient au-devant de nous se trouvaient quelques enfans. Ils étaient vêtus en grands garçons; mais leur taille de dix à douze pouces, leur donnait à nos yeux un petit air de marionnettes vivantes.

CHAPITRE XVI.

Le royaume d'Albur. Une ville forte. Logemens. Manière de vivre. Costumes.

CEPENDANT nous étions aux portes de la ville. Comme elle faisait la frontière du pays, elle passait pour une place forte, et était environnée de fossés et de murailles. Les ponts-levis, qui servaient en même temps de portes, se baissèrent devant nous (*), et nous entrâmes dans une

---

(*) Ces ponts étaient disposés de manière à fermer les portes en se levant, et à les ouvrir en se baissant.

rue si large, en proportion des maisons, que nous la prîmes d'abord pour une place publique; mais nous reconnûmes bientôt que toutes les rues de cette ville étaient de même largeur. On les avait tirées au cordeau, et pavées agréablement de pierres de diverses couleurs. Les maisons étaient partout symétriques, bâties avec beaucoup d'élégance et de goût, d'une tenue et d'une propreté admirable. Joignez à cela la délicatesse de l'architecture et des maisons de vingt pieds ayant quatre étages, dont le premier s'élevait d'un pied ou deux au-dessus du sol, vous vous ferez une idée du coup d'œil qui s'offrit alors à nos regards. Nous remarquâmes aussi que toutes les murailles étaient peintes en jaune tendre, comme on les peint en blanc dans l'Europe. Les toits nous parurent couverts de briques d'un vert foncé, et les portes avaient la même teinte ; les boutiques étaient gracieuses, mais sans luxe. Nous fûmes tellement stupéfaits de toutes ces choses, de la multitude d'hommes et de femmes qui remplissaient les rues, et du bel ordre qui régnait partout, que nous étions en quelque sorte honteux de notre pays, où les villes ne sont ordinairement qu'un amas d'édifices sans goût, sans accord, sans liaison.

On nous conduisit au milieu de la place publique, qui était immense. Il n'y en avait qu'une dans chaque ville, parce que les rues étaient partout des espèces de places prolongées. Elle était ronde comme la ville dont elle faisait le centre, et une pyramide d'environ quarante pieds s'élevait au milieu.

Là, les principaux d'entre les habitans, s'étant rassemblés, délibérèrent sur le parti qu'on avait à prendre pour notre logement. Un négociant riche, et propriétaire d'une maison spacieuse, proposa de nous recevoir chez lui, et de nous loger dans son magasin, dont le plafond était élevé de sept pieds. On accepta son offre aussi franchement qu'il l'avait faite, et il s'en alla de suite donner des ordres pour qu'on dégageât notre chambre des ballots de marchandises qui l'encombraient. Pendant ce temps-là, on apporta des échelles à quatre pieds, on les posa devant nous, et on se mit à nous mesurer par ordre du gouverneur de la ville. Après qu'on eut exactement pris les dimensions de notre hauteur et de notre épaisseur, dans tous les sens, un ingénieur tira de sa poche une espèce de stylet, et se mit à griffonner, sur une espèce d'ardoise, des espèces de chiffres, que d'autres ingénieurs lui dictaient. Si nous avions été étonnés de trouver des lunettes chez un peuple de nains ; et une belle ville dans un pays inconnu à l'Europe, nous ne l'étions pas moins d'y voir en usage l'écriture, le calcul, la géométrie et les échelles à quatre pieds.

Il résulta du calcul des ingénieurs, que chacun de nous devait manger à son repas la portion ordinaire de seize habitans du pays ; et la ville se chargea d'envoyer à ses frais, de six en six heures, chez le négociant qui nous logeait, quatre-vingt-seize portions pour les six géans. Ces sages précautions étant prises, on nous conduisit à notre gîte. Je ne dois pas oublier de dire que nous étions obligés de marcher avec une extrême lenteur, pour ne pas faire en deux minutes le chemin que les gens du pays ne pouvaient faire qu'en dix.

Cependant quand nous arrivâmes chez le bon marchand qui nous donnait l'hospitalité, nous trouvâmes son magasin à peine à moitié débarrassé, quoique dix ouvriers y travaillassent avec le plus grand zèle. Edouard et Clairancy, prenant pitié des sueurs de ces pauvres gens, firent signe que, si on voulait nous le permettre, nous allions donner un coup de main. Le négociant comprit à merveille nos offres de service, et les reçut de l'air le plus agréable.

Comme la porte de l'appartement qu'on nous donnait de si bon cœur, avait six pieds de haut, parce qu'on y entrait de petites voitures chargées de marchandises, nous y passâmes facilement, et chacun se mit à la besogne. Les plus lourds ballots ne pesaient pas vingt-cinq livres. Soit pour avoir plutôt fini, soit pour nous faire admirer, nous en prenions quatre ou cinq à la fois, et nous les portions en courant dans un autre magasin.

Le maître de la maison et tous les spectateurs se pâmaient d'aise, en nous voyant agir si lestement. Au bout d'un quart-d'heure, la grande pièce qui devait nous servir de logement fut entièrement débarrassée. Le patron y entra aussitôt, et après qu'on eût balayé toute la poussière, il appela sa famille pour nous donner le salut fraternel. Il nous embrassa tous, et pria sa femme, son fils et ses deux filles de l'imiter : on lui obéit le plus gaîment du monde, et nous rendîmes de bon cœur les baisers qu'on nous donna. L'aînée des deux filles allait bientôt se marier; elle était si jolie, si bien faite, sa physionomie était si douce, que j'eusse volontiers abandonné les prérogatives de ma grande taille, pour soupirer aux pieds de cette jeune fille, dans un corps de vingt-quatre pouces. Au reste, les usages de ce pays-là nous paraissaient assez accommodans.

Lorsque nous eûmes reçu les baisers de l'hospitalité, le maître de la maison s'arracha un cheveu; toute sa famille l'imita, en nous priant de faire la même chose. Il lia ensuite ces cheveux ensemble, les jeta au feu, et nous donna à entendre qu'il y avait une alliance éternelle entre nous et lui; après quoi on nous laissa seuls.

Nous considérâmes alors le logement que nous occupions. J'ai déjà dit qu'il avait sept pieds de haut, ce qui était beaucoup pour les gens du pays, et assez pour nous. Quant à la largeur de la pièce, elle était bien suffisante, puisqu'elle avait six grands pas dans tous les sens. Le plafond, qui était en bois, peint en bleu d'azur, comme tous les plafonds de la ville, s'appuyait au milieu sur quatre colonnes de même couleur, mais un peu mélangée ; quatre fenêtres ovales, donnant sur la rue, nous éclairaient fort bien. Au résumé, nous étions logés commodément, sauf que nous n'avions ni de quoi nous coucher, ni de quoi nous asseoir.

Un domestique de la maison entra bientôt dans notre appartement, et nous ayant fait signe de le suivre, il nous conduisit dans une espèce de garde-meubles, où se trouvaient plusieurs petits matelas, qu'il nous invita de prendre pour nous servir de lit. Il nous montra aussi trois grandes poutres, dont nous fîmes des manières de banc. Pendant que nous apprêtions nos meubles, un charpentier vint, par l'ordre du patron, prendre ses mesures, pour nous construire une table et des bancs solides ; car ce qu'on nous donnait alors ne devait nous servir qu'en attendant mieux.

Un moment après, le dîner que la ville s'était engagée à nous fournir arriva, à notre grande satisfaction, porté sur trois brancards par six hommes du pays. Nous l'expédiâmes le plus joyeusement du monde, fort contens d'être enfin débarrassés du soin de pourvoir nous-mêmes à notre cuisine. Or voici de quoi était composé notre repas : de six plats de petits pruneaux cuits, de six plats de fruits olivâtres, qui avaient quelque chose du goût de nos poires cuites, et de deux autres mets fort bons, qui ne ressemblaient à rien de ce que nous avions jamais mangé, et qui étaient faits au feu, avec du lait, des espèces de pommes de terre et des œufs du pays. Le pain était légèrement salé, et extrêmement noir, mais délicieux, sur-tout pour des gens qui, comme nous, en étaient depuis long-temps privés. Le vin, qui égayait les indigènes pour peu qu'ils en bussent, n'avait pas pour nous la moindre force ; nous le buvions cependant avec autant de goût que la bierre d'Angleterre. On nous en avait apporté plein un grand vase de terre pour notre dîner. (*)

Toutes les six heures nous recevions une pitance pareille à celle-ci, assez souvent variée, mais jamais plus abondante ou moins économique. Nous remarquions aussi avec étonnement, qu'on ne nous donnait jamais de viandes, et que nous ne mangions rien qui eût été animé. Nous sûmes bientôt que c'était encore l'usage du pays. — Eh bien ! nous dit Williams, en apprenant cette coutume, je craignais de rencontrer ici des antropophages ; si j'eusse prévu qu'on n'y mange pas même les bêtes, je me serais épargné bien des peurs !......

(*) Les tonneaux ne sont pas en usage dans ce pays; et les verres sont des espèces de peaux de coloquinte.

Nous remarquions encore une grande simplicité dans les costumes, dans la religion, dans les manières du pays. Les mœurs des habitans nous semblaient patriarchales; et nous souhaitions ardemment de savoir leur langue, pour nous instruire d'une infinité de choses. Notre patron venait nous voir plusieurs fois par jour, aussi bien que sa famille; et ces braves gens se divertissaient à nous apprendre leur idiome; les progrès que nous y faisions redoublaient l'amitié que notre douceur leur avait donnée pour nous.

J'ai dit qu'on nous apportait à manger toutes les six heures, je dois aussi expliquer cet usage. Comme on ne mange point de viandes, et que l'air est assez vif dans ce pays, on fait un repas en se levant, un second à la sixième heure du jour, un troisième à la douzième heure, et un dernier immédiatement avant de se coucher. Cet ordinaire nous parut sain et commode, et il ne nous coûta aucun effort pour nous y habituer.

On nous avait fait une bonne table, des bancs, un lit ; les principaux habitans venaient nous visiter sans cesse ; nous ne recevions que des civilités franches, et nous nous serions trouvés fort heureux, si nous n'eussions eu la désolante idée que nos compatriotes du globe sublunaire ne pourraient jamais savoir nos aventures, et que nous ne devions plus penser à revoir notre sol natal.

Après six mois de séjour, nous commencions à parler passablement la langue du pays; qui était fort douce. La ville où nous avions été accueillis avec tant d'humanité, faisait partie du grand royaume d'*Albur*, et cette ville se nommait *Silone*. Le royaume d'Albur, le plus vaste de tous les états du petit globe, avait en longueur cent-vingt de nos lieues, et plus de soixante-quinze en largeur. On y comptait quatre cents quinze villes, une multitude de bourgs, de hameaux et de fermes, et près de quarante-cinq millions d'habitans. On nous apprit aussi que nous devions les bons traitemens qu'on nous faisait, et les soins que la ville de Silone prenait de nous, non-seulement aux droits de l'hospitalité, qui sont sacrés chez des nations policées, mais encore au grand désir que le monarque avait de nous voir et de nous entretenir. C'est pourquoi tout le monde souhaitait que nous apprissions bien vite la langue du pays; et on se réjouissait généralement des grands progrès que nous y faisions chaque jour.

Aussitôt que nous pûmes nous faire entendre, nous nous informâmes des usages qui nous étonnaient tant chez cet heureux peuple. L'uniformité et la simplicité des costumes était une chose qui nous passait, sur-tout dans les femmes, qui ne portaient ni bijoux, ni parure. Un jour, que le patron était venu nous voir avec sa famille, Clairancy lui demanda pourquoi les femmes ne cherchaient pas à relever, par le secours de l'art, les charmes qu'elles recevaient de la nature? — Elles n'ont pas besoin ici de recourir à l'artifice, répondit-il ; quand nous regardons une jeune fille, ce n'est ni sur sa robe, ni sur sa tête, mais sur sa figure que nous jetons les yeux. — Cependant, ajouta la patrone, quelques ornemens ne nuisent point à la beauté. Il y eut un temps où les femmes se paraient dans le royaume d'Albur, comme dans les contrées voisines ; et on n'était pas alors plus pauvre qu'à présent. — Cela se peut, reprit le petit homme, mais on était plus vicieux, et l'état moins calme.

— Eh quoi! s'écria Tristan, dans

un autre temps dites-vous, la toilette était permise aux femmes? par quelle force magique a-t-on pu les ramener à cette belle simplicité qui nous étonne ? — Par de sages lois, répondit le patron. On avait tenté vainement, pendant plusieurs siècles, d'anéantir un luxe effrayant qui ruinait les familles. Le roi Brontès, père du monarque régnant, eut seul le bonheur d'y réussir. Il défendit aux femmes toute autre coiffure que leurs cheveux, et il leur permit au reste de se parer à leur gré, pourvu qu'elles fussent laides ou vieilles, et qu'elles se jugeassent trop mal partagées des dons de la nature, pour avoir besoin de ceux de l'art. De ce moment, tous les bijoux, toutes les parures superflues sont abandonnés ; et les Alburiens voient au moins leurs femmes comme elles sont. — Mais les vieilles et les laides, demanda Williams, ne profitent-elles point de la permission qui les distingue?—Puisque la loi de Brontès leur permet de se juger elles-mêmes, répliqua le Manseau, toutes les femmes doivent se trouver constamment jeunes et belles. — C'est ce qui est arrivé, ajouta le patron ; aussi il n'y a plus de parures dans le royaume. On pensait d'abord que l'absence du luxe ferait une grande plaie au commerce ; mais nous trouvons à placer chez les peuples voisins nos bijoux et nos étoffes précieuses. Si quelques particuliers sont moins opulens, la masse des citoyens est plus heureuse.

Vous avez dû remarquer aussi que nos costumes sont uniformes. Cette belle institution est due au prince Sora, notre roi actuel; et il a achevé par là ce qu'avait si heureusement entrepris son père. Le monarque est vêtu d'une tunique rouge; cette couleur est pour lui seul. Les ministres, les magistrats et les prêtres portent une robe de couleur bleue-d'azur, avec cette différence entre les trois ordres, que les premiers ont une ceinture blanche, les seconds une ceinture noire, et les prêtres une ceinture de couleur de feu; les poëtes, les peintres, et tous ceux qui cultivent les lettres et les beaux-arts, portent le blanc, avec de légères distinctions dans la ceinture. Les laboureurs, qui viennent ensuite, portent le vert-foncé; les négocians, le vert-tendre; l'armée, le brun; les médecins, les fossoyeurs, ceux qui exploitent les mines, les traiteurs publics et les cuisiniers, sont vêtus de noir. Les artisans portent le gris cendré; les valets, le jaune. Il y a encore moins de variété dans les vêtemens des femmes. La reine porte le blanc, avec la ceinture rouge. La femme d'un noble ou d'un poëte porte le blanc pur; celle d'un ministre, le rose-tendre; les autres portent, un peu moins foncées, les couleurs de leurs maris.

— Mais quel bien vous font les poëtes, demanda Edouard, pour leur donner la noble couleur blanche? — Ils chantent les louanges du grand Dieu, l'amour de la patrie, les charmes de la vertu, la haine du mensonge, répondit le patron; ils prêchent dans leurs écrits la morale, la concorde et l'union. — C'est fort bien, interrompit Tristan; cependant vous devez avoir ici de ces poëtes qui deviennent fameux aux dépens de la morale, des faiseurs de libelles, par exemple? — Qu'entendez-vous par là, demanda le patron? — J'entends, répondit Tristan, des écrits de circonstances qui proposent les changemens à faire dans l'état, qui dévoilent les défauts du gouvernement, et qui sèment quelquefois le mal, en croyant semer le bien. — Si c'est là ce que vous voulez dire, reprit le petit homme, nous en avons certainement; et tout état libre comme le nôtre ne peut subsister que par là ; mais nous n'appelons libelles, ou écrits incendiaires, que les proclamations insidieuses de nos ennemis; tout ce que les Alburiens écrivent pour la patrie est traité chez nous honorablement. Si l'auteur d'une proposition nouvelle s'est trompé, on se contente de ne pas suivre ses conseils, sans croire qu'il ait songé à nuire à l'état. S'il donne des idées avantageuses, on les discute dans toutes les villes en même temps, et le suffrage de tous donne à l'auteur une couronne de verdure, une pension sur l'état, et la satisfaction de voir ses projets adoptés, pour le bonheur du royaume. Au reste, il n'y a point de partis violens chez nous, comme chez quelques-uns de nos voisins, parce que dans toutes les affaires politiques, on ne parle et on n'agit qu'au nom de l'intérêt public, pour qui nous sommes tous prêts à donner, au premier signal, notre sang et nos fortunes. — Et quand le prince a des rivaux? — Il n'en peut point avoir. L'hérédité de la monarchie nous met à l'abri de toute faction. Lorsqu'une dynastie est éteinte, la nation entière est consultée, au nom sacré de la patrie, alors celui-là est roi, qui sur quatre voix a réuni trois suffrages. — Mais si vous aviez un tyran? — Tous les ordres de l'état le jugeraient, et ses jours se termineraient loin du trône et loin du pays des Alburiens. — Et si la succession à la couronne vous donnait un monarque faible, impuissant ? — Il n'en serait pas moins le chef de l'état ; mais comme la patrie est notre mère commune, et qu'un prince imbécille pourrait, sans le savoir, déchirer le sein maternel, tout en respectant son caractère auguste de roi, les ministres gouvernent en son nom. — Ainsi, interrompit Clairancy, les ministres ne sont pas au choix du prince ? — Non, répondit le marchand. Les ministres du royaume d'Albur sont au nombre de douze, choisis indifféremment dans tous les ordres libres, et nommés par les magistrats, de sorte qu'on peut regarder leur élection comme l'ouvrage de tous, puisque les magistrats sont nommés par le peuple. Nous avons aussi un sénat, composé de quatre cents vieillards, qui veillent au maintien des lois, qui reçoivent les plaintes de la nation, qui discutent les intérêts de l'état, et qui entretiennent le bon ordre. Pour être sénateur, il faut compter soixante ans, avoir mené une vie sans tache, connaître les lois, se montrer sévère pour soi-même, et tolérant pour les autres. Les sénateurs sont les représentans du peuple, qui les nomme à son choix, de concert avec le prince : ils entretiennent l'union entre les divers ordres du royaume. — Sans doute vous avez une grande noblesse, demandai-je à mon tour ? — Assez considérable, répondit le patron, puisque, sur cinq cents Alburiens, on compte ordinairement deux nobles.

Les sénateurs, les magistrats, les ministres et les prêtres sont nobles par leur élection. On annoblit pareillement les poëtes et les artistes qui ont mérité la couronne de verdure. Mais la noblesse n'est point héréditaire ici, comme chez quelques autres peuples, parce que le fils d'un grand homme peut naître avec un naturel malheureux, et que nous ne voulons point profaner le titre de noble.—Il paraîtrait par là, interrompit Williams, que vous n'avez pas ici de ces sots préjugés sur les familles.... Par exemple, quel cas faites-vous ici du fils d'un vaurien? — Et que nous importe, en voyant un honnête homme, si son père fut un misérable. Un brigand est puni pour ses crimes; son fils peut devenir noble comme un autre, s'il a des vertus.....

Là-dessus notre dîner arriva. Le patron emmena sa famille, en nous souhaitant bon appétit; et nous nous mîmes à table, en discutant vivement sur tout ce que nous venions d'entendre, et en regrettant que certains peuples qui se croient bien policés, n'aient pas pris quelques leçons de morale chez les hommes de vingt-deux pouces.

Mais il y avait long-temps que nos habits étaient usés, et on nous en avait fait de nouveaux à la mode du pays. Edouard, Tristan, Clairancy et Williams, s'étaient fait donner le vert-tendre, en se disant tous quatre commerçans ; le Manseau et moi, nous portions la robe blanche. Ces vêtemens, qui nous paraissaient d'une étoffe extrêmement fine, étaient pourtant de la plus grosse toile du pays, ce qui n'empêcha pas les souris de venir les ronger. Comme ces animaux n'étaient pas plus gros que des guêpes, nous fûmes long-temps sans nous en apercevoir. Le patron nous le fit remarquer; et ce même jour de l'entretien que je viens de rapporter, il nous envoya quatre chats un peu plus petits que les rats ordinaires de l'Europe, qui nous divertirent beaucoup par leurs singeries, et qui nous délivrèrent complètement des souris. On voulut aussi nous donner des dogues, mais notre taille les effraya tellement, qu'il fut impossible de les obliger à rester avec nous.

CHAPITRE XVII.

Volcan. Animaux singuliers. Veille d'une grande fête. De l'abstinence des viandes.

Nous sortîmes un jour hors de la ville de Silone, pour nous promener dans la campagne ; nous nous en éloignâmes de deux grandes lieues, en traversant des villages et des bourgs, où des milliers d'Alburiens accouraient en foule pour nous voir passer. Nous avions demandé à notre patron quelles choses curieuses nous pourrions visiter dans les environs, et il nous avait indiqué *la montagne ardente*, située à vingt-deux mille pas (deux lieues et demie ordinaires) de Siloné.

En approchant de cette montagne, nous fûmes on ne peut plus étonnés de voir que c'était un volcan. La montagne avait à peu près trois cents pieds de hauteur; sa pente était assez douce, son sol stérile; quelques nuages la couvraient constamment, et elle ne cessait de vomir des tourbillons de fumée. Nous n'aurions pu concevoir que la nature ait placé un volcan sous un climat aussi tempéré que celui du royaume d'Albur, si nous ne nous fussions rappelé que le nord même de notre globe a aussi ses montagnes enflammées; mais du moins, au pied du volcan d'Albur, il n'y avait point d'habitation. La montagne avait jeté plusieurs fois des flots ardens, sans engloutir la moindre bicoque, parce que, depuis que les Alburiens ont des lois, il est défendu de bâtir à la distance d'une demi-lieue du volcan; c'est la portée de ses plus grands ravages, et l'enceinte défendue est entourée d'un fossé profond.

Cependant, comme l'éruption d'un volcan est toujours annoncée, quelques heures auparavant, par la tristesse de la nature et par une chaleur brûlante dans l'air qui environne le foyer des flammes, il est permis de s'approcher de la montagne ardente, pour la visiter.

Nous avions franchi le fossé qui circonscrit le sol abandonné; la nature était riante et calme; rien n'annonçait un danger prochain;

(d'ailleurs les éruptions arrivaient à peine une fois en vingt ans); nous étions au pied de la montagne; nous nous décidâmes à la gravir, pour en examiner le cratère. Le bassin avait une vingtaine de pieds de profondeur au-dessous de la cime circulaire; le cratère se composait d'une multitude de crevasses croisées et sans ordre, d'où sortaient des filets de fumée et de légères flammes bleuâtres.

On nous avait dit que peu de personnes osaient monter à la superficie de cette montagne; car la terre en était extrêmement légère à force d'être brûlée, et les plus petits éboulemens, par une cause qu'on nous expliqua assez mal, donnaient de grandes convulsions au volcan.

Nous nous étions bien proposé de marcher avec précaution ; mais Tristan s'étant avisé de monter sur un petit tertre de sable noir, pour jouir d'un coup d'œil qu'il disait ravissant, nous nous hâtâmes d'y courir. La terre s'enfonça sous le poids de nos pas ; quelques poignées de sable tombèrent dans une crevasse, et nous entendîmes bientôt gronder un bruit souterrain, qui nous épouvanta. Chacun descendit au plus vite. En nous retournant, au pied de la montagne, nous la vîmes qui s'enflammait ; les nuages amoncelés au-dessus du bassin jetèrent des éclairs ; la foudre éclata, et tout le sommet de la montagne fut sur-le-champ embrasé.

Pendant que nous regagnions à

toutes jambes le fossé qui nous séparait de la terre habitée, des monstres d'une grandeur énorme, et d'une figure qui nous parut hideuse, sortirent des flancs de la montagne ardente, et se mirent à nous poursuivre, en jetant des cris sourds et très-animés. Ce nouvel incident joint au reste de notre aventure, nous jeta dans un effroi difficile à dépeindre. Des cendres brûlantes commençaient à pleuvoir sur nous; et si nous étions assez heureux pour échapper à la mort que nous lançait la montagne ardente, quel miracle nous tirerait de la gueule de ces monstres qui étaient plus gros que nous, et contre qui nous n'avions pas le temps de nous défendre. Chacun de nous poussait les clameurs du désespoir, et quoique nous n'eussions plus l'espérance de revoir notre patrie, nous frémissions cependant à l'idée de mourir si vite dans le petit globe. Mais nos frayeurs étaient vaines, du côté des animaux qui nous poursuivaient, et de nouvelles surprises en prirent la place. Ces monstres nous avaient atteints ; nous les voyions à nos côtés, nous les croyions prêts à se jeter sur nous : ils se contentèrent de presser notre fuite, et s'arrêtèrent quand ils nous virent au bord du fossé, que nous n'eûmes pas la force de franchir. Nous le traversâmes avec les jambes défaillantes ; et il fallut nous arrêter à l'autre bord. Nous nous jetâmes sur l'herbe desséchée, pour nous reposer un instant, à l'abri et à la vue du volcan; mais nous n'y restâmes pas long-temps; les cendres brûlées se répandaient dans l'air avec tant de force, que nous fûmes obligés de nous éloigner. Nous retournâmes à la ville, et la fatigue qui nous accablait nous fit revoir avec joie notre logement.

On savait déjà, dans Silone, que le volcan était en éruption, et on ne concevait d'inquiétude là-dessus, que pour nous, qu'on croyait en danger. Le patron vint nous voir aussitôt que nous fûmes rentrés, et il nous demanda quelques détails sur notre aventure. Après que nous lui eûmes raconté ce qui s'était passé sous nos yeux, Edouard le pria de nous dire quels étaient ces animaux qui nous avaient tant effrayés.

et que nous venions de voir pour la première fois. — Je suis fâché de ne vous en avoir rien dit, répondit-il ; mais ces animaux sont des *lavines* : leur taille est monstrueuse, puisqu'il en est qui ont jusqu'à six pieds de longueur ; leurs pattes sont extrêmement courtes, et néanmoins ils marchent avec la vitesse la plus prodigieuse ; ils aiment les hommes, et s'habituent facilement à vivre avec eux. Il y en a dans toutes les fermes, qu'ils gardent la nuit ; et les paysans un peu aisés en nourrissent pour se garantir des attaques des bêtes féroces. On ne les voit point à la ville, que dans des cas extraordinaires : par exemple, vous en verrez un demain, qui apportera des nouvelles de l'éruption, comme nous venons d'apprendre par un autre que la montagne ardente est enflammée. On en a accoutumé quelques-uns à vivre dans des grottes creusées sous cette montagne ; et ceux-là sont dressés à chasser tous les soirs les curieux qui s'y égarent. Quand le volcan s'embrase, ils courent au-devant des hommes qui se trouvent dans l'enceinte défendue, les reçoivent sur leur dos, et les portent au bord du fossé, qu'ils ne passent point.

Cette admirable sagacité des lossines nous rappela les chiens du Mont-Cénis ; et nous nous promîmes bien d'examiner le lendemain l'animal qui nous avait tant causé de terreurs. Le patron nous dit encore que, si nous n'avions pas été pressés de fuir, nous aurions vu de l'autre côté de la montagne, à moitié de la pente, une fontaine d'eau vive. Quoique cette particularité nous parût curieuse, nous ne fûmes pas tentés de l'aller voir.

Le lendemain, vers le milieu du jour, on cria dans la rue que le lossine apportait des nouvelles de l'éruption de la veille. Nous sortîmes pour le voir arriver; il passa comme un trait, et se rendit, sans s'arrêter, à la place publique, portant sur son dos un Alburien qui annonça que le volcan venait de se calmer. Nous étions accourus des premiers à la place : nous vîmes de près cet animal; il était doux comme un mouton, et ressemblait en quelque sorte au lézard. Sa taille ordinaire est de cinq pieds, et il n'a pas plus d'un pied de hauteur. Quand l'Alburien eut rempli sa mission, il remonta sur le dos de l'animal, qui reprit sa course aussitôt, et repartit de la ville. Nous étions si surpris de voir dans ce pays un animal si grand, et en même temps si doux, que nous avions peine à en croire nos yeux ; mais on nous avait dit aussi qu'il y avait, dans certaines forêts, des monstres dangereux par leur taille ; et nous conçûmes aisément que la sage nature avait placé là, comme ailleurs, le bien à côté du mal, un défenseur à côté d'un agresseur ; car on nous dit encore que le lossine était l'ennemi mortel de tous les ennemis de l'homme.

Quelques jours après, un peu

avant le repas du soir, le patron venant nous rendre sa visite : C'est demain, nous dit-il, le premier jour d'une nouvelle année ; et demain, selon l'usage de nos pères, nous célébrons la fête du grand O; (c'est le nom qu'ils donnent à Dieu.) Mais pour terminer heureusement l'année qui expire, et pour nous préparer à la fête du premier jour, nous passons aujourd'hui la soirée dans des réjouissances, et dans un festin public. Si vous êtes curieux de voir nos divertissemens, vous pouvez mettre votre table dehors, vous souperez comme nous en plein air, et vous viendrez avec nous sur la place de la ville.

Cette proposition avait pour nous trop d'attraits, pour qu'elle ne fût pas sur-le-champ et généralement adoptée. Notre table et nos siéges furent bientôt dans la rue, où tout le peuple se rassemblait. Le petit homme, cédant à nos invitations, fit apporter de chez lui une chaise et une petite table, que Clairancy plaça sur la nôtre. Par ce moyen, le visage du patron se trouva à peu près à notre hauteur, et nous pûmes converser avec lui pendant le repas. L'heure du souper venue, toutes les tables se garnirent en même temps; et notre pitance arriva comme à l'ordinaire.

- Or ça, dit le Manseau, les usages de ce pays-ci valent bien ceux du nôtre. Chez les hommes de là-haut, on se prépare aux solennités par des jeûnes et des abstinences : ici,

on s'apprête aux fêtes, par des fêtes.
— Il y a aussi sur notre globe, répondit le patron, des peuples qui se mortifient, pour mieux célébrer leurs fêtes; mais quand on considère combien cette coutume est absurde, on ne peut refuser la préférence à la nôtre. La veille de mon jour natal, mon fils est dans l'allégresse, il se réjouit avec moi, il me souhaite un long cours de bonheur; le lendemain, sa joie est plus vive encore. Tous les peuples qui nous sont connus célèbrent de la sorte les fêtes particulières; et quand celles du grand Dieu approchent, ils les attendent dans la tristesse.... Ces austérités incompréhensibles nous semblent injurieuses à la divinité.....
Celui-là porte une âme bien étroite,

qui fait, du père de la nature, un tyran avide de larmes; qui se flatte de plaire à Dieu, en se forgeant des malheurs et des peines; qui croit l'offenser par son bonheur!....

Nous prenions la cuiller pour commencer de manger, et le Manseau ouvrait la bouche pour relever encore quelques absurdités européennes, quand nous fûmes tous arrêtés par un mouvement général du peuple. Le patron et tous les Alburiens s'étaient levés en silence. Leur attitude était celle du respect et de l'adoration. Ils avaient la main gauche sur le cœur; leur main droite et leurs yeux étaient élevés vers le ciel. Chacun de nous les imita, pénétré d'un sentiment religieux. Après quelques minutes de recueillement, les vieillards prononcèrent ces paroles, qui furent répétées par toutes les bouches : *Dieu, qui lis dans les cœurs, tes enfans te bénissent !...*

Alors le repas commença, silencieux d'abord, et bientôt animé par la conversation et la joie la plus pure. Nous faisions souvent nos repas sans trop songer à celui qui veille sur notre existence ; et cette petite cérémonie des Alburiens nous fit un peu de honte. Nous demandâmes au patron si cette prière se disait souvent ? — Quatre fois le jour, répondit-il, et c'est la seule que nous adressions à Dieu. Que peuvent lui dire de plus les fragiles mortels ?... il sait nos besoins : nous ne l'importunons point de vaines demandes, nous nous contentons de le bénir.....

Cependant, le repas de ce jour-là était aussi simple que ceux des autres jours ; il était composé pareillement des seuls dons de la nature. Cette abstinence universelle de toute espèce de viande nous étonnait depuis long-temps. Edouard pensait que les Alburiens admettaient le dogme de la métempsycose. Les autres se perdaient en conjectures à peu près semblables : je saisis l'occasion de terminer notre incertitude, et je demandai au patron s'il était donc défendu, dans le royaume d'Albur, de rien manger qui ait eu vie ? Il ne comprit pas d'abord ma question. Quand je la lui eus répétée : — Non-seulement dans le royaume d'Albur, répondit-il, mais encore chez les plus sages peuples de notre globe, on respecte trop la divinité pour détruire son ouvrage, et pour ôter aux animaux une existence qu'ils tiennent de Dieu, aussi bien que nous. Cependant, on trouve dans certains cantons de ce monde, des peuplades barbares que les nations voisines ne fréquentent guère. Ces hommes ont d'abord étendu leur voracité sur les bêtes ; bientôt ils se sont fait une pâture de leurs semblables. Ils se sont créé des divinités monstrueuses, qu'ils nourrissent comme eux de sang et de chair meurtrie. Ils ont cru sans doute trouver dans les cadavres une nourriture plus salutaire que dans les plantes et les fruits de leurs arbres. Quelle est leur erreur! un vieillard de soixante ans est chez eux près de sa tombe ; l'homme d'un siècle est encore vigoureux parmi nous.

Ces paroles nous causèrent une grande surprise. — Voyez, reprit le patron, ces trois vieillards assis à la table prochaine, et dont les cheveux commencent à blanchir, ils ont tous trois plus de cent ans; et demain, dans les cérémonies du culte, vous en pourrez remarquer un grand nombre du même âge.

Nous savions bien que les anciens patriarches, et quelques peuples naissans, s'étaient nourris, dans des temps reculés, des seuls fruits de la terre, et que ces alimens simples et naturels procuraient une vie plus exempte d'infirmités et plus longue que la nôtre; mais nous ne pensions pas qu'on pût mettre en usage, chez une grande nation, l'abstinence totale des viandes tuées. Cependant nous le faisions avec tout un peuple, et nous nous portions fort bien.

Le Manseau, qui n'était pas encore satisfait, et qui voulait savoir si on avait là quelque respect pour les bêtes, demanda aussi pour quel motif les Alburiens regardaient comme un crime le meurtre des animaux? — Je vous l'ai déjà dit, répondit le patron : parce que Dieu les a mis comme nous sur la terre, pour y jouir des douceurs de la vie. L'animal fuit devant la mort; le fruit de l'arbre, au contraire, tombe dans notre main aussitôt qu'il est mûr. D'ailleurs, le lion et le tigre tuent les êtres pour subsister; et ce n'est point le lion et le tigre que nous devons nous proposer pour modèle. Enfin, savons-nous si ces animaux, à qui nous déchirerions les entrailles, n'ont pas, comme nous, une âme capable de penser? Elle serait moins parfaite que la nôtre, sans doute; cependant elle pourrait sentir les charmes de l'existence que nous leur ôtons, et nous le reprocher un jour. Nous chassons cependant les monstres nuisibles.

Williams poussa un grand éclat de rire, en entendant avancer que les âmes pouvaient être spirituelles, et faire des reproches, dans l'autre monde, à leurs meurtriers. — Il n'y a pas là de quoi rire, reprit le Manseau; des doutes n'ont aucune conséquence, et chez les Européens, on avance tous les jours des choses bien plus fortes, comme des articles de foi. On a placé dans le paradis le bélier d'Ismaël, le bœuf de Moyse, l'ânesse de Balaam, la baleine qui a reçu Jonas dans son ventre, le chien des sept dormans et l'âne du prophète Mahomet. Les pythagoriciens, Plutarque, Porphyre, Lactance, et bien d'autres auteurs, ont donné une âme spirituelle aux animaux, etc. Ici, du moins, on n'affirme rien.

CHAPITRE XVIII.

Réjouissances publiques. Pyramide religieuse. Prêtres d'Albur. Feu d'artifice. Fête du grand O. Mariages. Maison des morts.

En ce moment on se leva de table, et chacun se rendit à la place publique, qui était gracieusement illuminée. Nous nous attendions à voir des spectacles variés, des danses de corde, des mâts de cocagne, et tous ces divertissemens qui composent les fêtes européennes. Rien de tout cela ne nous attendait : un grand nombre de musiciens, élevés en rond autour de la pyramide, jouaient de divers instrumens fort doux : le peuple se mit à chanter; les danses commencèrent de toutes parts, et chacun se divertit à sa manière.

La pyramide qui s'élevait au milieu de la place, portait sur ses quatre faces de petites inscriptions que nous ne pouvions encore lire, quoique parlant assez bien le langage d'Albur. Clairancy pria le patron de nous expliquer ces espèces de devises. — C'est le sommaire de notre religion et de nos lois, répondit le petit marchand. Dans chaque ville, dans chaque bourgade, vous trouverez ces inscriptions exposées aux yeux de tous; et chez l'habitant des campagnes, vous les verrez encore tracées sur un tronc d'arbre, ou écrites sur le haut des portes. Or, voici ce que vous demandez :

Sur la première face, au-dessous de l'O éternel, de ce mot sacré que les enfans prononcent avant de balbutier le nom de leur mère, vous pouvez lire ces paroles, qui sont dans tous les cœurs :

Gloire au Grand Dieu ! *lui seul peut compter les bienfaits qu'il répand sur les mortels : que tous les cœurs l'adorent ! que toutes les bouches le bénissent !*

Sur la seconde face : *Mortel, vois dans ta mère l'image du Dieu qui t'a créé ; et que ton père fasse battre ton cœur, après ce Dieu qui veille sur tes jours. Aime ton fils et ta fille comme tu es aimé de ton Dieu.*

Sur la troisième face, vous voyez

ces paroles : *En te donnant l'être, Dieu t'a donné une patrie : elle t'a précédé, elle doit te survivre. Dépouille-toi de ta tunique, si la patrie te la demande; meurs, si elle a besoin de ton sang.*

La quatrième face porte ces mots: *Sois juste; maintiens la paix entre tes frères. Fais le bien, même envers les ingrats, et songe que tu marches devant ton Dieu.*

Cette morale pure et sublime nous jeta dans un nouvel étonnement. On nous avait dit tant de fois qu'une religion naturelle ne pouvait subsister, et nous la voyions en vigueur chez une nation sage, policée, où les mœurs étaient plus simples et plus respectées que dans tous les pays à nous connus !... Mais peut-être, disions-nous, cette ville est-elle le modèle du royaume. C'est une ville de province ; suspendons notre jugement jusqu'à ce que nous soyons dans la capitale. Nous devions y partir sous peu de jours ; car le roi, sachant que nous parlions la langue, nous demandait instamment.

En attendant, Clairancy, un peu revenu de sa surprise, se tourna vers le patron : — Un culte comme le vôtre, lui dit-il, a bien droit de nous étonner, nous qui n'avons vu jusqu'ici que des religions embarrassées de mille observances incompréhensibles, et des peuples souillés de tous les vices, parce qu'on leur parle toujours d'un Dieu terrible, et presque jamais d'un Dieu de

clémence...... Cependant vous nous avez dit que vous aviez des prêtres?
— Oui, reprit le patron, il y en a un dans chaque bourgade, cinq dans les grandes villes, et dix dans la capitale. Ils entretiennent le bon accord dans les familles, terminent les disputes, consolent les malheureux, et apprennent au riche à soulager le pauvre. Ils prêchent la clémence, l'oubli des injures, l'amour de la patrie, l'obéissance aux lois, et les vertus sociales, dont ils donnent l'exemple au peuple.

— Mais vos prêtres sont-ils mariés, demanda Edouard? — Non, répondit le marchand; ils doivent seulement l'avoir été. Pour être ici ministre du culte, il faut avoir plus de soixante ans. Ne serait-il pas ridicule qu'un jeune homme, à peine essayant la vie, donnât des préceptes de sagesse aux vieillards, et vînt s'offrir à la vénération publique, sans avoir rien fait pour la mériter, comme cela se voit chez quelques-uns de nos voisins? Ainsi, quand un prêtre meurt, le peuple, pour le remplacer, choisit dans tous les ordres de l'état, un vieillard irréprochable, que la mort ait rendu veuf, et qui ait été père de plusieurs enfans. Il a connu les douceurs du mariage et les charmes de l'amour; il a éprouvé les sentimens de la paternité; ceux qui le consulteront, trouveront en lui un ami et un père, qui ne sera pas froid à leurs chagrins et à leurs inquiétudes. Ne croyez pas, au reste, qu'il y ait grande concurrence quand il s'agit d'élire un prêtre. C'est une charge pénible, et les richesses n'y entrent pour rien. Les ministres de notre culte vivent de leur propre bien; on ne leur fait aucune pension : s'ils ont des terres, on les cultive aux frais de la ville; s'ils ont un commerce, on le fait valoir pour eux; et l'état veille sur leurs enfans, parce qu'ils ne peuvent plus le faire eux-mêmes. Voilà tous leurs avantages.

Au reste, on les juge après leur mort, aussi bien que les rois et tous les magistrats. Leur sépulture est ordinairement honorable; mais ceux qui ont trompé la confiance publique, ceux qui ont été vicieux, quand leur poste commandait la vertu, le peuple les condamne, et leurs corps sont enterrés, pour devenir la proie de la pourriture. — On les enterre pour les punir, quand ils sont morts, s'écria Tristan; et quelle est donc la récompense funèbre des gens de bien? — Leurs corps sont brûlés sur la place publique, répondit le patron, leurs cendres se recueillent dans un petit globe d'airain, et ces restes vénérables sont déposés dans un temple destiné à cet usage. Comme tous les hommes sont égaux après la mort, on ne voit de distinction dans tous nos tombeaux, que la différence des noms, qui sont gravés sur la boule cinéraire.

Le vieillard allait continuer, quand les danses et le son des instrumens de musique furent interrompus. —

La fête va se terminer, nous dit-il, jetez les yeux devant vous, sur la montagne qui s'élève au-dessus de la ville.....

Cette montagne était éclairée d'un grand feu; tous les regards s'y étaient fixés. Bientôt il se fit une explosion semblable à la décharge de plusieurs mousquets; la montagne s'enflamma, et nous eûmes le spectacle d'un feu d'artifice de toute beauté. — Eh! mon dieu, me dit Martinet, en me poussant du coude, ces gens-là ont inventé la poudre! — Quel pays! continua Williams, on en sait ici autant que chez nous. Parbleu! dit-il ensuite au patron, vous devez savoir faire la guerre, puisque vous avez des inventions comme celle-là?

— Il y a bien long-temps que le

royaume d'Albur n'a fait la guerre, répondit le marchand; et il y a bien plus long-temps encore que la poudre inflammable a été découverte ; mais nous ne nous en servons point pour la guerre, comme vous semblez le penser. Nous attaquons nos ennemis de près ; autrement, où serait le courage, si nous nous cachions dans des nuages de fumée et dans des tourbillons de flammes ? Cette découverte embellit nos fêtes ; quelques peuples seulement s'en servent pour la chasse.

Ici, le feu d'artifice s'éteignit, après avoir duré un demi-quart d'heure. Un prêtre parut en même temps au haut de la pyramide ; tout le peuple était en silence : « Peuple
» d'Albur, dit-il d'une voix forte,

» quelle est la durée de cette flam-
» me, auprès de notre longue exis-
» tence ?..... Tel est devant l'Eternel
» le court espace de notre vie : que
» la vertu le remplisse ; elle est
» ici compagne de la joie et du
» bonheur. »

Après avoir dit ces mots, il descendit. Williams, qui cherchait à s'asseoir, et qui s'attendait à essuyer un long discours, regardait tout stupéfait le peuple sortant de la place publique. — C'est fini, s'écria-t-il !.... — Les petites harangues sont les meilleures, répliqua Edouard ; mais tous les prédicateurs ne veulent pas le croire. Là-dessus nous rentrâmes au logis.

Aussitôt que le nouveau jour parut, le son des instrumens de musique nous rappela qu'on allait célébrer la fête du grand O. Nous nous habillâmes à la hâte, et nous sortîmes de la maison. Les rues étaient tapissées de blanc, et jonchées de verdure. — A merveille, s'écria le Manseau, nous allons sans doute voir passer les processions et les reliques ; il ne faut pas nous aviser de manquer ce spectacle-là. — Je doute fort qu'il y ait ici des reliques, reprit Edouard; mais voici le patron déjà levé, il va bien nous mettre au fait.

En même temps, il s'approcha du petit bourgeois, et lui demanda pourquoi on ornait ainsi les rues ? — Comme un témoignage de l'allégresse publique, répondit-il; le noir est le signe de la tristesse, et le blanc le signe de la joie. Cette verdure, qui couvre le pavé de nos rues, sera foulée dans un instant par les jeunes époux ; elle leur rappellera qu'ils sont l'espoir de la patrie.

Lorsqu'il achevait ces mots, une musique nombreuse appela notre attention vers la place publique. Nous vîmes paraître un grand nombre de vieillards portant à la main un bouquet de fleurs vives. Ils marchaient deux à deux, appuyés sur des bâtons de bois vert ; quelques-uns d'entre eux étaient si courbés, qu'ils ne paraissaient pas hauts de dix-huit pouces ; d'autres se tenaient encore droits. — Voici, nous dit le patron, les vieillards séculaires de la ville. Les premiers ont plus de cent trente ans, les derniers cent ans bien sonnés : ils sont au reste, au nombre de deux cent-vingt. Les femmes centenaires les suivent, moins nombreuses et plus cassées. Après ces deux troupes respectables, vous voyez la société des musiciens.

En ce moment, les vieillards passèrent devant nous. Tous les spectateurs les saluèrent avec le plus grand respect, et nous en fîmes autant. A la suite des musiciens, qui s'escrimaient de leur mieux pour égayer la fête, paraissait une longue file de jeunes garçons tous âgés au moins de vingt ans ; ils donnaient la main à leurs jeunes amantes : tous ces couples étaient couronnés de roses blanches, et tenaient en main une petite branche de verdure chargée de fruits. Cette jolie procession de petites créatures humaines, qui marchaient deux à deux, dans un ordre admirable, et portaient empreinte sur leurs figures la sérénité la plus douce; ce contraste de la vieillesse en cheveux blancs, et de la jeunesse couronnée de fleurs pâles, offrait à nos yeux un spectacle si charmant, qu'il ne sortira jamais de notre mémoire. Les jeunes garçons étaient au nombre de trois cents; ils conduisaient autant de jeunes filles; les parens marchaient ensuite, portant une baguette blanche de la longueur d'environ six pouces, et précédés par les cinq prêtres de la ville. Un peuple innombrable terminait confusément ce cortége.—Si vous êtes curieux de voir les cérémonies du mariage, nous dit le patron, il faut venir avec nous hors de la ville ; en disant ces mots, il se mêla à la foule. Les jeunes époux nous avaient trop intéressés, pour nous laisser attendre froidement la fin de cette pompe ; nous voulûmes assister à tout, et nous suivîmes le patron.

En sortant de la ville, le cortége s'achemina vers une petite plaine ronde, entourée d'arbustes. Un tertre de gazon s'élevait au milieu ; les prêtres y montèrent ; les jeunes amans se rangèrent alentour sur plusieurs lignes, accompagnés de leurs parens. Le premier prêtre prit la parole et dit : « Enfans d'Albur, » vos parens vous ont donné l'être ; » vous allez le donner à d'autres. »

Après un moment de silence, le

second prêtre ajouta : « Enfans d'Al-
» bur, vos parens vous ont fait
» hommes, la patrie vous fait ci-
» toyens. »

Le troisième prêtre continua :
« Vous avez fait le bonheur de vos
» familles ; Dieu vous donnera des
» enfans qui feront aussi votre bon-
» heur. »

Quand le tour du quatrième prêtre fut venu, il prononça ces paroles : « Enfans d'Albur, vous avez
» su obéir, vous saurez commander.»

Ici, les parens brisèrent leurs
baguettes blanches, pour marquer
que leurs enfans étaient libres. Les
jeunes garçons élevèrent la main
sur la tête des jeunes filles, en ju-
rant de les protéger et de les rendre
heureuses. Les amantes, à leur tour,

mirent un genou en terre, et jurèrent sur leur cœur, de chérir leurs époux, et de ne point chercher à les dominer. On leur donna alors la ceinture des femmes, et aux maris la ceinture des hommes, que les adolescens ne portent point; et le cinquième prêtre, à genoux, appela sur les jeunes couples toutes les grâces de l'Eternel, la paix du cœur, la fécondité et la douce abondance.

Après cela, on revint à la ville dans le même ordre que l'on observait en sortant. — Eh bien! qu'en pensez-vous, nous dit le Manseau, voilà six cents heureux en un jour! n'est-ce pas là un beau commencement de fête?....

Mais j'avais remarqué que tous les jeunes époux avaient l'air de porter à peu près le même âge. Je demandai au patron si l'on se mariait toujours aussi jeune dans le pays? — On doit l'être avant trente ans, répondit-il; autrement on n'est plus citoyen. Les célibataires sont ici fort mal considérés ; dès qu'ils passent la trentième année, tous les honneurs leur sont interdits ; ils ne peuvent exercer le commerce, ni s'appliquer aux beaux-arts, ni obtenir aucune charge publique; on ne les reçoit point en témoignage ; ils n'ont point de part aux successions; leurs suffrages ne comptent pour rien dans les élections publiques ; les jeunes gens ne les saluent point; en un mot, on les regarde comme des fardeaux qui chargent inutilement la terre, puisqu'ils ont reçu le jour, sans vouloir le donner. Ils peuvent cependant se marier après trente ans; mais cette cérémonie tardive ne leur rend point les droits qu'ils ont perdus. Seulement il leur est permis encore de porter la ceinture virile. S'il leur arrive de mourir célibataires, dans l'âge où ils doivent être époux, on les enterre sans les brûler. Cette loi regarde les femmes aussi bien que les hommes. — Eh! que peuvent là-dedans les femmes, s'écria Tristan? — Elles peuvent autant que les hommes, répondit le patron, puisqu'elles ont le droit de se choisir un époux, comme les hommes se choisissent une compagne. — Ainsi les femmes font quelquefois les avances? — Pourquoi ne les feraient-elles pas?

elles ont un cœur qui parle comme le nôtre ; lorsqu'elles aiment un jeune homme, si ce jeune homme n'est pas engagé dans d'autres liens, elles lui avouent leur amour, comme nous faisons quand nous le sentons les premiers. Ne serait-ce pas une ridicule injustice, que l'homme seul eût le pouvoir de choisir ce qui lui plaît, et que la femme attendît qu'on daignât s'occuper d'elle ?.. Les époux ont une sorte de supériorité sur leurs femmes, c'est le mariage qui la leur donne; tant que l'on n'est qu'amant, les deux sexes sont égaux. — Mais quelle est la cause de cette grande sévérité que vous déployez contre les célibataires, demanda encore Clairancy? — La voici, répliqua le patron : Phanis, le premier roi de la dynastie qui nous gouverne maintenant, régnait en paix il y a quatre siècles. Des sophistes orgueilleux publièrent des livres contre le mariage; ils étaient doués d'une grande finesse d'esprit; ils séduisirent le peuple, et ne déplurent point au roi, parce qu'ils l'amusaient, et flattaient continuellement sa vanité. Leur secte se grossit; ils prêchaient d'exemple leur morale funeste, et vivaient dans le célibat. Bien des gens les imitèrent; les gens mariés devinrent des gens ridicules : on regarda le mariage comme le partage du peuple, et comme un triste devoir pour les princes. Des désordres sans nombre vinrent déranger les mœurs; nos villes ne furent bientôt que des lieux de débauche; les campagnes même se dépeuplèrent.

Cent ans après l'origine de ces malheureuses innovations, on fit le dénombrement de la nation, qui commençait à retomber dans l'abrutissement : on trouva la population du royaume diminuée d'un cinquième. Le jeune roi Orrohé régnait alors ; il fut effrayé de l'état de décadence des Alburiens, et il porta la loi immortelle qui vous étonne. Les mœurs reprirent leur pouvoir ; le royaume se repeupla ; le bonheur revint dans ces heureuses contrées, avec les vertus et la nature, qu'on voulait étouffer.....

Cependant, on avait ramené les jeunes époux à la place publique. Les prêtres leur montrèrent du doigt les quatre inscriptions de la pyramide, après quoi ils les bénirent de nouveau, et chacun se retira chez soi, en chantant des cantiques à l'Eternel. Comme ces chants étaient très-animés, et que nous avions cru d'abord, à la joie qui inspirait les chanteurs, qu'il s'agissait de quelques ariettes, dès que Clairancy s'aperçut qu'on célébrait les louanges de Dieu, il demanda au patron pourquoi les hymnes se chantaient si gaîment ? — Voulez-vous qu'on pleure, répondit-il, quand on parle à son père ? Tout le culte que nous rendons au Dieu de bonté est accompagné de danses, de chants et d'allégresse. Son bonheur n'est-il pas de voir ses enfans heureux ?..... Nos voisins lui élèvent des temples : eh ! quels temples peuvent le contenir :

nous l'adorons partout ; ses autels sont dans nos cœurs ; nous le bénissons dans les villes, où il nous donne l'abondance, et dans les champs, où il répand la fertilité.... Quelques peuples lui font des sacrifices : nous lui offrons tous les jours les vertus qu'il nous donne. Dans le temps des fruits, nous portons sur un autel de gazon les prémices de la terre ; les prêtres nous bénissent, puis ils distribuent notre offrande aux pauvres. Mais si vous êtes curieux de connaître à fond notre religion, je vous donnerai le livre sacré.

Nous acceptâmes avec empressement la proposition du patron, et en attendant nous allâmes avec lui visiter la maison des morts. C'était un vaste édifice extrêmement simple, et composé de dix longues galeries, où étaient rangées sur des tablettes les cendres des gens de bien, enfermées dans des boîtes d'airain. Il y en avait un si grand nombre, et nous étions tellement courbés dans ces corridors, hauts de quatre pieds au plus, que nous n'en visitâmes qu'une partie. Nous voulûmes voir ensuite le reste de la fête; mais elle ne fut remarquable que par la joie du peuple. Le soir pourtant on exécuta après les danses, des courses, des luttes, et divers jeux, qui ne présentaient rien d'extraordinaire, que la petitesse des acteurs.

CHAPITRE XIX.

Voyage dans l'île de Sanor. Mers du petit globe. Réception honorable.

LE lendemain, on nous avertit que nous partirions dans un mois pour la capitale. Quoique nous n'eussions presque rien à désirer dans Silone, nous commencions à nous ennuyer de la vie uniforme que nous y menions; et comme les hébreux qui regretaient dans le désert les oignons de l'Egypte, nous nous lassions de ne manger que des végétaux, et nous songions quelquefois à notre ancienne nourriture. Nous avions soin, tous les jours, de nous instruire des usages du pays où nous vivions. Il y avait bien des choses différentes de tout ce qu'on sait en Europe; mais je ne remarquais que ce qui me semblait tout à fait remarquable. Peut-être, des esprits plus observateurs que les nôtres, eussent-ils retiré un grand profit du séjour que nous fîmes dans le royaume d'Albur; pour moi, je ne pris note que des choses singulières.

Le patron nous avait dit que plusieurs peuples s'abstenaient des viandes, aussi bien que les Alburiens, et il avait marqué assez de mépris pour les hommes carnivores; cependant il y avait, à quinze lieues de Silone, une peuplade civilisée, qui vivait de viande autant que de légumes. Du moment que nous avions entendu parler de cette nation, où nous espérions faire gras, nous avions conçu le projet d'y aller passer quelque temps.

Comme nous devions rester encore un mois à Silone, avant de nous mettre en route pour la capitale d'Albur, et que l'ennui nous gagnait, nous nous décidâmes, deux jours après la fête du grand O, à faire une petite visite à la nation voisine. Nous demandâmes au patron quelle sorte de gens on trouvait dans ce pays? — Des géans, nous répondit-il, moins grands que vous à la vérité, mais une fois plus hauts que les Alburiens. Leur pays est une grande île entourée de rochers; on la nomme l'île de *Sanor*. Les hommes vivent sous le gouvernement absolu d'un empereur ; les femmes sous le despotisme d'une impératrice. Le chef des prêtres du pays a un pouvoir sans bornes sur les morts. Les étrangers sont bien reçus dans cette île, parce que le peuple en est commerçant et ami des plaisirs.

Quelques renseignemens qu'on nous donna encore sur les Sanorliens ne firent qu'exciter notre curiosité. Nous déclarâmes au patron que nous voulions voir l'île de Sanor, qui était si près de nous, avant de nous rendre à la capitale ; mais nous promîmes d'être de retour avant la fin du mois. Le gouverneur de la ville, à qui nous allâmes de suite déclarer la même chose, nous donna des lettres de recommandation pour les autorités du pays où nous voulions aller, et nous sortîmes le lendemain de Silone. On verra que les recommandations nous furent inutiles.

Comme la journée était longue, et que nous étions tous assez bons marcheurs, nous fîmes avant la nuit les douze lieues qu'il y avait de Silone à la mer. Nous n'avions encore vu, dans le petit globe, que des fleuves, qui pourraient bien passer pour des ruisseaux; nous nous crûmes reportés en Europe, en contemplant les trois lieues de mer qui nous séparaient de la grande île de Sanor. L'eau en était seulement plus pâle et plus limpide que l'eau des mers du globe sublunaire. Cette mer, qui renferme dans son sein trois états puissans et une innombrable quantité d'îles, a, nous dit-on, deux cents quatre-vingts lieues de largeur, sur cent soixante-treize de longueur. C'est l'océan du monde souterrain.

Il nous fallut attendre le lendemain pour pouvoir nous embarquer. Alors un vaisseau de Sanor, qui retournait dans l'île, nous prit sur son bord : il était grand comme nos chaloupes de trente à quarante hommes, et passait pour un des plus forts bâtimens de commerce qu'on pût voir dans le petit globe; il avait deux ponts assez hauts pour que nous pussions les visiter en nous baissant un peu; toute sa construction était élégante, et le cuivre y brillait de toutes parts; (je n'ai pas besoin de dire que l'on ne connaît pas le fer dans le globe où nous nous trouvions). Comme les vents y sont toujours assez paisibles, nous ne vîmes point qu'on se servît de voiles; on faisait marcher les navires avec des machines à feu; et les bateaux, avec des roues armées d'avirons, que deux hommes pouvaient mettre en mouvement sans peine (*). Le capitaine du vaisseau nous avait accueillis le plus aimablement du monde; il se réjouissait de nous conduire dans sa patrie, et se faisait un grand plaisir de nous présenter à l'empereur et à l'impératrice, qui

---

(*) On peut se faire une idée de cette manière de conduire les bâtimens, en examinant les machines des bateaux à vapeurs.

seraient sans doute charmés de nous voir.

L'équipage était composé de Sanorliens; ainsi nous pûmes dès-lors nous faire une idée des hommes que nous allions voir. Les plus grands avaient trois pieds et demi de taille; leur figure était assez régulière, mais beaucoup moins mignonne que celle des Alburiens; ils parlaient la même langue avec un accent qui nous embarrassa quelques jours; leurs vêtemens étaient extrêmement riches, et leur chevelure parfumée; nous jugeâmes par-là, qu'à peu de distance de Silone, nous allions trouver d'autres mœurs. La traversée fut heureuse, et ne dura que quatre ou cinq heures. Pendant ce temps-là, nous nous entretînmes d'abord avec le capitaine du bâtiment, sur divers objets que nous étions bien aise de savoir; nous lui témoignâmes ensuite le plaisir que nous aurions à manger de la viande. — Ah! tant mieux, s'écria-t-il, je craignais que vous ne fussiez d'un pays où l'on ne vécût que de légumes et de fruits, comme dans le royaume d'Albur; et je vous avoue que j'étais assez embarrassé sur les moyens de vous nourrir honorablement, pendant le séjour que vous voudrez bien faire dans notre île; mais puisque vous avez le même genre de vivre que les Sanorliens, nous allons faire ensemble une petite collation.

En disant ces mots, il frappa sur une espèce de petit tambour qui se trouvait auprès de lui; un domestique parut, qui se hâta d'apporter deux cochons de lait rôtis, quelques volailles, et un dessert abondant. Si nous étions tout joyeux de nous voir avec des gens de trois pieds et demi, qui nous paraissaient au moins des hommes, en les comparant aux Alburiens, nous ne fûmes pas moins satisfaits de voir des viandes sur la table. Nous fîmes gaîment la *collation*, et nous entrâmes dans le grand port de l'île, en mangeant notre dessert.

Nous jettions des regards bien attentifs autour de nous, pour découvrir les chaloupes qui allaient nous conduire à terre; nous vîmes bien le port rempli de bateaux de pêcheurs; mais le vaisseau ne s'arrêta point. On avait creusé, au bout du port, une baie étroite. Les vaisseaux y entraient pour se décharger, par le moyen de certains ponts volans qui se trouvaient disposés sur le rivage. Après cela, le bâtiment rentrait dans le port par une autre embouchure, en tournant autour d'une colline, qui formait une île sur le port, et qui était garnie de fortifications.

Aussitôt que l'on sut dans l'île la nouvelle de notre arrivée, une grande multitude de peuple vint au-devant de nous, et nous fûmes conduits comme en triomphe à la capitale, qui n'était éloignée du port que d'une demi-lieue. Nous remarquâmes, chemin faisant, que les femmes du pays étaient aussi grandes et beaucoup plus belles que les hommes. Elles avaient, outre cela, assez de coquetterie pour relever encore, par la parure, les dons que la nature leur avait prodigués. La végétation était presque aussi grande dans cette île qu'en Europe ; et nous n'eûmes pas de peine à concevoir que, si près des Alburiens, il se trouvât des peuples une fois plus hauts qu'eux, en considérant le beau sol du pays et sa force prodigieuse. Aussi l'île de Sanor est-elle la plus belle contrée du petit globe. Les fêtes y sont très-multipliées, et le luxe y est permis, comme dans tous les pays où le despotisme est en usage ; parce qu'il faut quelques plaisirs aux peuples qui sont sous le joug, pour les consoler de la perte de leur liberté.

Nos yeux étaient habitués à ne

voir que des maisons en miniature. Quand nous entrâmes dans la capitale de Sanor, elle nous parut extrémement imposante. Les maisons n'avaient cependant, pour l'ordinaire, que deux étages ; mais ces étages avaient quelquefois dix pieds de hauteur, et nous pouvions passer hardiment sous toutes les portes. Ce n'était plus une architecture régulière, comme à Silone : les rues étaient à la vérité tirées au cordeau ; mais elles étaient aussi peuplées de palais, de temples, de tours et de diverses constructions publiques d'une grande magnificence.

Immédiatement après que nous fûmes entrés dans la capitale, on nous présenta à l'empereur, devant qui il nous fallut mettre un genou en terre. Ce monarque nous reçut d'un air ouvert. Il avait bonne mine, et s'exprimait fort bien. Il nous retint peu de temps, se réservant, nous dit-il, le plaisir de nous entretenir un jour à son aise; et nous fûmes conduits devant l'impératrice. C'était une femme de trente ans, extrêmement belle, et d'une taille extraordinaire, puisqu'elle avait près de quatre pieds. J'ai peu vu en Europe de personnes aussi gracieuses. C'était l'usage, dans l'île, de se prosterner devant l'auguste face de l'impératrice, et de frapper du front un tapis blanc, qui était toujours étendu au pied de son trône. On nous en avait prévenu; nous nous mîmes donc en devoir de faire la cérémonie ordonnée par l'étiquette de la cour;

mais l'aimable princesse nous en empêcha. Elle vint à nous aussitôt qu'elle nous vit, et nous fit asseoir au-dessous d'elle, après nous avoir donné sa joue à baiser. Cette faveur nous avait paru fort agréable. Clairancy, qui la reçut le dernier, voulut baiser aussi la main, croyant marquer par là plus de soumission; mais il en fut empêché par un officier de l'impératrice, qui, voyant notre étonnement, nous apprit que l'empereur seul avait le droit de baiser la main de cette princesse.

Après que nous fûmes assis, l'impératrice nous pria de lui raconter nos aventures. Clairancy s'acquitta de cette commission au nom de tous. La belle souveraine parut prendre le plus vif intérêt à nos malheurs, et nous promit de nous les faire oublier, si nous voulions nous fixer dans Sanor. Ensuite elle nous donna pour logement un palais qui se trouvait sans maître, par la mort d'un prince du sang impérial, arrivée trois mois avant notre entrée dans l'île. On nous y conduisit sur-le-champ : un dîner somptueux nous y attendait. Comme nous allions nous mettre à table, nous nous ressouvînmes du capitaine du vaisseau qui nous avait apportés, nous l'envoyâmes inviter à venir dîner avec nous; il s'empressa d'arriver, et nous félicita sur l'heureuse fortune qui nous attendait dans Sanor, si nous savions en profiter. En même temps nous nous mîmes à table; le vin avait de la sève et de la force; les mets étaient excellens; le dîner fut extrêmement gai. Un nouvel incident vint encore augmenter notre allégresse : pendant que nous buvions à la santé de l'empereur et de l'impératrice de Sanor, un officier de la cour arriva, et remit au marin une pancarte impériale, qu'il se hâta de lire après s'être levé, et avoir baisé respectueusement le cachet. Cette pancarte du souverain lui donnait le vaisseau sur lequel il nous avait amenés d'Albur. L'agréable surprise qu'il en éprouva fut si grande, qu'il nous regarda tous, sans pouvoir parler d'abord, et qu'il s'écria bientôt : — Heureux enfans du ciel, vous portez le bonheur partout où vous paraissez. Le bonheur est aussi venu vous visiter, puisque vous avez gagné les bonnes grâces de notre auguste princesse. On verra comment cette prédiction s'accomplit.

Quand le soir fut venu, nous allâmes nous mettre au lit. Nous avions chacun un appartement séparé, qu'on avait préparés en peu d'heures, et auxquels cependant il ne manquait rien. — Vivent les pays où le luxe règne, s'écria Tristan; on y jouit de tous les agrémens de la vie!... Cependant nous étions habitués à coucher tous dans la même chambre; il nous parut pénible de nous diviser. Il fallut pourtant s'y résoudre; nous nous souhaitâmes le bonsoir, et chacun se coucha, pour revoir le lendemain ses compagnons avec plus de plaisir. Mille songes enchanteurs vinrent nous bercer pendant notre sommeil, et nous formâmes mille châteaux en Espagne, qu'il est inutile de rapporter ici.

Nous passâmes huit jours de la sorte dans les plaisirs et les divertissemens : car on nous fit l'honneur de nous inviter à toutes les parties que l'on fit à la cour ; et, dans une chasse où nous nous trouvâmes, Clairancy eut l'honneur d'étouffer une sorte d'ours qui poursuivait l'impératrice. La manière empressée dont elle le remercia, la reconnaissance qu'elle lui promit pour une action si simple, nous fit deviner alors la cause secrète des bontés qu'on nous témoignait avec tant de profusion. L'heureux Clairancy avait parlé au cœur de la souveraine de Sanor. Cette découverte le combla de joie, et nous fit naître la pensée de chercher aussi quelque conquête. Ceux sur-tout d'entre nous qui étaient de moyenne taille, pouvaient se flatter d'autant plus aisément de cette espérance, que les femmes de Sanor nous voyaient avec plaisir. Clairancy, Édouard et Martinet n'avaient pas plus de cinq pieds deux pouces, et Tristan était encore plus petit. Pour Williams, outre qu'il était grand et gros, il n'avait jamais su faire l'amour; et moi j'étais de complexion trop froide pour contracter d'autres nœuds que des liaisons platoniques; en quoi j'étais assez souvent raillé de mes compagnons.

CHAPITRE XX.

Gouvernement. Bibliothèque. Justice singulière.

Pendant qu'ils songeaient aux plaisirs que leur offrait l'amour dans l'île de Sanor, et qu'ils oubliaient leur promesse de retourner, au bout d'un mois, dans le royaume d'Albur, je fis quelques observations sur les mœurs du pays où nous vivions. Voici, en trois mots, quelle était la forme du gouvernement :

L'empereur avait un pouvoir sans bornes sur les biens et sur la liberté des hommes; il nommait les juges qui leur rendaient la justice; il avait seul le droit de leur accorder grâce quand ils étaient condamnés ; enfin, sa puissance ressemblait à celle des sultans, à l'exception qu'il n'était pour les femmes, que le mari de leur souveraine.

L'impératrice avait, sur le beau sexe, les mêmes droits que l'empereur sur les hommes ; elle leur donnait des juges, qui étaient des femmes ; et avait seule le pouvoir de faire grâce aux criminelles.

Le chef des prêtres pouvait accorder ou refuser la sépulture aux morts, et il en ordonnait les circonstances à son gré ; son pouvoir s'étendait à cet égard jusque sur l'empereur et sur l'impératrice.

Il faut dire aussi, à la louange de ce pays, que les femmes y sont élevées comme les hommes, avec cette unique différence, que les femmes ont soin de conserver leurs séductions, et les hommes, de prendre un petit air cavalier. Au reste, il y a souvent deux partis dans l'état, quand il s'agit d'affaires importantes ; et le parti des hommes n'a pas souvent le dessus.

La polygamie y est tolérée; mais elle exclut de toute fonction publique. Les charges qui exigent de l'aisance dans ceux qui les exercent, comme le ministère des juges, sont vénales. Les sciences y sont en grand crédit ; mais on y est fort difficile sur les livres, qui sont censurés très-sévèrement, non pour leurs opinions politiques ou religieuses, mais pour la méthode et pour le style.

Cependant, si on est libre d'écrire sur le culte, on n'a pas la même liberté d'en parler irrévéremment, comme on le verra dans la suite.

J'allai un jour, avec Clairancy et Martinet, visiter la grande bibliothèque publique de Sanor. Elle se composait d'environ cent mille volumes ; elle était logée dans un palais vaste et magnifique; toutes les voûtes étaient en pierres bien jointes, et toutes les portes en bronze : nous priâmes le bibliothécaire de nous montrer la disposition des différens ouvrages; ce qu'il fit de la meilleure grâce du monde.

Dans la première salle, qui était peu spacieuse, se trouvaient les livres de théologie. Ils étaient placés, comme partout, en tête de la bibliothèque ; seulement ils n'en occupaient pas la vingtième partie. — Votre théologie a peu d'étendue, dit le Manseau ; il paraît que vous vous en occupez légèrement. — Vous nous jugeriez mal, répondit le bibliothécaire, si vous pensiez que nous mettions moins de soin aux livres qui parlent de Dieu, qu'aux ouvrages profanes ; mais nous ne laissons entrer ici que de sages auteurs ; point de ces discussions embarrassées, qui gênent le culte, et donnent des idées toujours fausses de la Divinité ; point de ces écrits polémiques, qui forment les sectes et divisent les cœurs. Voilà quelle est toute notre théologie : Le livre sacré du culte, dans toutes les langues qui nous sont connues; les poëmes qui célèbrent les louanges du grand Dieu; les livres de morale; l'histoire naturelle, qui nous apprend à bénir le père de la nature; et tout ce qui traite des différens ouvrages du Créateur. — Cette théologie vaut bien la nôtre, dit Clairancy; voyons ailleurs. Mais je dois dire en passant que si la théologie des Sanorliens était belle dans les livres, elle était bien triste en pratique, comme on pourra le voir.

Dans la galerie qui suit, reprit le bibliothécaire, sont déposés les livres d'histoire : vous voyez d'abord un abrégé historique de l'empire de Sanor, depuis sept mille ans et plus, en dix vol. in-folio; après cela, les mémoires de chaque année, depuis l'invention de l'imprimerie ; plus loin sont les histoires particulières de nos grands princes, de nos sages, de nos généraux fameux, de nos poëtes illustres, et des tyrans qui ont pesé sur la nation; de l'autre côté sont les histoires des autres pays du globe où nous habitons.

Dans le cabinet, qui sert de passage à la seconde galerie, vous apercevez les divers écrits de nos philosophes, de ces hommes respectables qui ont passé leur vie à chercher la sagesse, et à montrer aux hommes le chemin du bonheur.

Cette salle, d'une grandeur immense, qui succède au cabinet de la philosophie, renferme les livres de sciences, les élémens des beaux-arts, et les arts domestiques, les livres de didactique, d'économie, de recherches, de politique, d'amusement, etc. Elle contient aussi les mémoires des voyages remarquables, et l'histoire de nos inventions.

Après cela vous voyez les belles-lettres, les poésies de divers genres, les théâtres de toutes les nations connues, les romans, les fables, etc.

Enfin, dans cette armoire qui est au fond, se trouve toute notre jurisprudence. — En disant ces paroles, le Sanorlien ouvrit l'armoire, et nous y aperçûmes une vingtaine de volumes posés sur des coussins. — Quoi! ce sont là tous vos livres de droit, demanda le Manseau? — Oui, répondit le Sanorlien; et ne croyez pas que nous ayions vingt volumes là-dessus ; nous n'en avons qu'un seul, que vous voyez, en vingt langues ; c'est le code sacré de nos lois, le seul livre qu'on doive consulter pour rendre la justice. — Et que faites-vous des ouvrages politiques? — Nous les plaçons ailleurs; mais celui-ci doit terminer l'ordre de nos livres, comme le livre sacré de la Religion doit le commencer.

Nous fûmes surpris de nouveau de voir cette bibliothèque si bien rangée, et dans un ordre qui approchait assez du nôtre; et nous demandâmes aux Sanorliens combien il y avait de bibliothèques publiques dans la capitale? — Il y en a dix, répondit-il, et deux dans chaque grande ville. Les livres qui sont ici se trouvent également dans les autres ; de façon que si, malgré toute nos précautions, le feu prenait aux palais qui les contiennent, tout ne serait pas perdu. — Mais, ajouta Clairancy, il y a long-temps que j'ai envie de savoir depuis combien d'années vous connaissez l'imprimerie. — Depuis quinze cents ans, ou à peu près, répondit-il. — Et la poudre inflammable ? — Oh ! depuis si long-temps, que nous n'en savons rien. Elle était découverte avant notre civilisation. — Eh bien ! dis-je au Manseau, apportez ici les lumières de l'Europe !

Le moment du troisième repas étant arrivé, nous sortîmes, parce qu'on fermait la bibliothèque. En partant de là, Tristan demanda encore au Sanorlien si ces trésors littéraires étaient ouverts tous les jours.

— Assurément, répondit-il, depuis la sixième heure jusqu'à la douzième.

— Sans doute, ajouta Clairancy, vous avez des vacances ? — Non pas, reprit-il vivement ; et les savans qui suivent un travail, que diraient-ils, si on les obligeait de l'interrompre pour le repos des bibliothécaires ? Chaque bibliothèque a trois gardiens titrés, servis par plusieurs valets. De ces trois chefs, deux sont au poste pendant que le troisième se délasse. Par ce moyen, nous avons successivement un tiers de l'année pour vacances... Alors nous nous séparâmes.

Nous avions aperçu quelquefois, sur les places publiques, des rassemblemens dont nous n'avions point encore deviné la cause, et nous ne nous étions pas pressés de nous en instruire, parce que nous en avions le temps. D'ailleurs ces rassemblemens se faisaient à peine une fois par jour; et dans une si grande ville, une chose de ce genre nous paraissait naturelle.

Nous nous approchâmes pourtant ce jour-là de la foule, avec le désir de savoir ce qui la réunissait. Nous vîmes, au milieu d'un grand cercle formé par les curieux, deux hommes qui menaient tristement deux femmes d'un bout à l'autre de la place publique, et qui les fouettaient légèrement avec une poignée de verges, à la vérité par-dessus leurs jupons. Quoique la pudeur de ces femmes ne souffrît aucunement de cette punition, et qu'elles n'éprouvassent aucune douleur, elles pleuraient si amèrement, que le peuple touché, cria *grâce !* Le manége cessa alors, et on reconduisit bien vite les coupables à leur maison.

Nous étions curieux de connaître le crime de ces deux femmes. Clairancy en demanda l'explication à un vieillard qui se trouvait devant nous. —Vous avez vu, répondit le bonhomme, cette grande femme, vieille et maigre? eh bien ! elle s'est mêlée des affaires d'autrui ; elle a fait des caquets, et les juges de son sexe l'ont condamnée à une demi-heure de fouet de la main de son mari. L'autre, plus petite et plus grasse, a le défaut de critiquer la politique des hommes ; de proposer des changemens dans les lois de notre sexe, etc.; et comme de pareils intérêts ne la regardent point, sa faute est la même que celle de sa voisine; aussi elle a éprouvé une punition semblable.

— Voilà une coutume sage, s'il en est, dit le Manseau, en regagnant le logis. Mais si on infligeait chez nous de pareils châtimens aux femmes qui s'occupent d'autres affaires que des leurs, et qui se mêlent de la conduite d'autrui, la moitié des maris serait obligée d'avoir des verges, et on verrait des femmes en pénitence à tous les coins de rue.

CHAPITRE XXI.

Amours de l'impératrice de Sanor et de Clairancy. Mariages. Usages bizarres. Funérailles du souverain de l'île.

Nous allions presque tous les jours rendre nos visites respectueuses à l'empereur et à l'impératrice, qui nous priaient chaque fois de leur dire quelque chose de notre pays. Si les Sarnoliens avaient été bien surpris d'apprendre qu'il y eût un monde peuplé de mortels au-dessus de leur tête, et que Dieu eût créé des peuples encore plus grands qu'eux, ils n'étaient pas moins étonnés de nos usages, de nos mœurs, de nos lois, de nos guerres. L'empereur y prenait le plus grand plaisir, aussi bien que l'impératrice. Mais cette princesse honorait la France de sa prédilection, et nous en parlait continuellement, comme d'un pays extrêmement sage, puisque les femmes y étaient reines comme à Sanor. Quant à l'auguste monarque, il donnait la préférence à la Turquie; il n'est pas besoin d'en développer les motifs.

Le quinzième soir de notre séjour dans la capitale de Sanor, Clairancy, que nous n'avions point vu depuis le matin, rentra dans notre palais, rayonnant de bonheur. Nous lui demandâmes avec empressement quelle était la source de sa joie.—L'amour, nous répondit-il. J'ai osé déclarer ma passion à l'aimable impératrice. Elle m'a accueilli du plus gracieux sourire, tout en rougissant un peu ; enfin elle m'a accordé la faveur impériale ; j'ai baisé l'auguste main de la souveraine de Sanor.... Vive cette île de bénédiction ! j'y reste, moi ; retourne qui voudra chez les petits Alburiens. — C'est fort bien, répliquai-je ; voilà le plus sage de notre troupe qui déraisonne ! Et nos promesses ?.... — Nos promesses, reprit Clairancy ? nous les tiendrons plus tard. Tristan a écrit tantôt au gouverneur de Silone que nous passions ici plusieurs mois. La lettre est partie ; pour moi, j'ai un rendez-vous demain, pendant la chasse, à un certain pavillon isolé, où me conduira l'écuyer favori de l'impératrice.

Notre camarade Tristan rentrera bientôt. Vous serez bien plus étonné de ce qu'il vous dira, que de ce que je viens de vous confier sous le sceau du secret. En attendant, voici une pancarte impériale, qui nous donne à tous des emplois à la cour.

Pendant qu'il disait ces mots, Clairancy tirait de sa poche un grand rouleau de peau blanche, sur lequel nous lûmes, en lettre rouges, que la volonté du magnifique empereur donnait à Williams l'emploi de capitaine des gardes de l'impératrice, à cause de sa belle taille ; qu'Édouard, Tristan et Martinet porteraient désormais le titre de conseillers de l'empereur ; que Clairancy exercerait les fonctions d'écuyer, et moi celles de secrétaire auprès de la souveraine.

Nous n'avions encore fait autre chose que de pousser de grandes exclamations sur les honneurs qui tombaient de la sorte sur nos têtes, quand Tristan rentra. Comme nous étions tous réunis : — Allons souper, nous dit-il ; je vous conterai bien des choses.

Nous le priâmes, en nous mettant à table, de contenter notre curiosité. — Vous saurez, reprit-il, que le divorce est permis dans ce pays-ci, et qu'il n'y a rien de si aisé que de quitter une femme avec qui on ne peut plus vivre. C'est pourquoi je me marie.... — Tu te maries, s'écria le Manseau stupéfait?.... Ainsi, tu nous quittes ?.... — Le mariage ne nous empêchera pas de nous voir, reprit Tristan, et je vous engage à faire comme moi. Les plus grandes femmes de ce pays-ci valent au moins les plus petites du nôtre ; et puisque nous sommes bien dans l'île de Sanor, nous serions des sots d'aller vagabonder chez les petits hommes de vingt-deux pouces, en mangeant des légumes, et en mourant d'ennui tous les jours. L'empereur sera content de nous voir établis dans ses états, parce que nous lui donnerons des sujets de belle race.—Mais, avec qui te maries-tu, demanda Edouard?— Avec la fille du gouverneur du grand port, répondit Tristan. Son père me l'a proposée lui-même. J'ai vu la demoiselle ; elle est presque aussi grande que l'impératrice, à deux ou trois pouces près. Elle est belle comme un astre, riche, noble ; ce parti-là me convient on ne peut mieux, et je ne déplais point. — Pour moi, interrompit le Manseau, je ne me marierais point devant un prêtre infidèle.— On ne pèche pas devant Dieu, répliqua Edouard, quand on se conforme aux lois du pays où l'on est obligé de vivre. — Ainsi, ajouta Tristan, je me marie après demain, et je vous invite à mes noces, si toutefois on en fait.

Ce mariage, les amours de Clairancy, quelques projets amoureux d'Edouard, furent pour nous un vaste sujet d'entretien pendant tout le repas. Le Manseau lui-même, si scrupuleux sur le mariage dans un pays infidèle, comme il l'appelait, trouvait plus simple d'être amant que d'être époux, et il nous laissa entrevoir qu'il méditait aussi une conquête ; cependant sa conscience lui défendait de s'engager....

Le lendemain chacun partit de son côté. Tristan alla passer une bonne partie de la journée auprès de sa future épouse ; Clairancy courut à son rendez-vous. Edouard et le Manseau ne nous dirent point où ils portaient leurs pas. Je restai seul avec Williams. Mais pendant que je m'occupais dans ma chambre à rédiger les mémoires de notre voyage, j'étais loin de me douter du tour perfide que l'on me jouait, et des graves conséquences que pouvait avoir l'imprudence de Tristan. Il dînait chez le gouverneur du port, qui l'appelait déjà son fils, et le hasard voulut qu'il passât l'après-dîner avec le chef des prêtres de la capitale. Comme celui-ci complimentait notre compagnon sur son très-prochain mariage, Tristan, qui avait un peu trop bu, s'avisa de dire au pontife que j'étais amoureux de sa fille.... Après un signe d'étonnement, le prêtre répondit qu'il était trop flatté de l'honneur que je lui faisais, pour y être insensible, et qu'il me recevrait avec plaisir dans sa famille.

On ne s'occupa pas davantage de ce sujet, et le soir, en me revoyant, Tristan me dit que le chef des prêtres m'attendait chez lui, pour m'entretenir de choses aussi intéressantes qu'agréables. Je me hâtai de m'y rendre, accompagné de Williams, ne sachant point en quoi un prêtre de Sanor pouvait avoir besoin de ma personne. Je le trouvai dans un salon magnifique, étendu sur une espèce de sopha rose. Sa fille était auprès de lui, aussi parée que belle, et tellement couverte de bijoux, que Williams en fut ébloui. Le vieux prêtre se leva en nous voyant. — Soyez le bienvenu, me dit-il, et que Dieu et ses génies vous récompensent dignement de l'honneur que vous voulez bien me faire.... Ce commencement de conversation m'étonnait extrêmement, puisque je ne faisais que me rendre aux ordres de celui qui me parlait. Aussi je commençai par balbutier ; et, après un long quiproquo, le prêtre finit par où il aurait pu commencer ; c'est-à-dire, qu'il me demanda si je n'étais pas amoureux de sa fille, ainsi qu'il l'avait appris de la bouche de Tristan ?....

J'ouvris alors les yeux. Mais comment me tirer de ce mauvais pas ?... La jeune fille était fort bien ; néanmoins elle ne m'inspirait point d'amour, et je ne savais que répondre. Williams, qui devina mon embarras, m'en tira assez adroitement à son profit. Il était devenu tout subitement amoureux de celle que l'on m'offrait si inopinément, et je crus remarquer qu'il plaisait mieux que moi. Sa figure était à la vérité plus fraîche que la mienne. Il dit donc au prêtre que Tristan s'était trompé, puisque son camarade Hormisdas (on se rappelle que c'est mon nom) était marié dans son pays, et que sans doute on avait voulu désigner lui Williams, qui brûlait d'amour pour l'aimable demoiselle... Le prêtre voulut bien se prêter à cette version. Williams resta auprès de la jeune fille, et je me retirai. Je ne fis pas de grands reproches à Tristan, parce que j'étais heureusement hors de peine; mais je le priai d'être désormais plus discret.

Clairancy me conta alors qu'il avait eu un long entretien avec la belle impératrice, et que son amour allait bon train. Nous nous mîmes à table, et le lendemain nous allâmes aux noces de Tristan; car on en fait dans ce pays, comme dans la plupart des autres. Par une faveur extraordinaire, le chef des prêtres présida lui-même à ce mariage, dont les cérémonies furent extrêmement longues. Après toutes les prières, on fit des fumigations; on entoura les jeunes époux de nuages de fumée; on les attacha ensemble avec une longue corde de soie; puis on leur jeta, de la voûte du temple, plusieurs ondées de lait, qui les rendirent purs, et terminèrent les chants. Nous pensions en être quittes après deux heures d'impatience, quand nous vîmes paraître Williams magnifiquement vêtu, et tenant par la main sa nouvelle épouse. On le maria immédiatement, et avec les mêmes circonstances qui avaient accompagné le mariage de Tristan.

Lorsque tout fut terminé on sortit du temple; tous les parens, les amis et les gens des deux noces étaient à la porte, avec d'énormes bottes de fleurs. Aussitôt que les époux furent dehors, on étendit deux tapis noirs sur le pavé, et un jeune prêtre ordonna à Williams et à Tristan de se coucher sur ces tapis, chacun avec sa femme. Ils étaient tellement étourdis de tout ce qui s'était déjà fait, qu'ils obéirent en silence. Alors tous les assistans jetèrent sur les deux couples leurs bottes de fleurs, dont ils furent tout couverts. Le chef des prêtres les laissa ainsi ensevelis, pendant près de cinq minutes, après quoi il leur cria : *Levez-vous, et renaissez.* Ils se levèrent donc, et on leur fit boire, aux époux comme aux épouses, quelques gouttes de vin, dans la même tasse, pour leur apprendre que le mariage ne faisait qu'une personne de l'homme et de la femme.

On avait résolu de mêler les deux noces ; elles se firent chez le gouverneur de la mer, et tout se passa le plus gaîment du monde. Quand vint l'heure de coucher les époux, on les enferma dans une grande salle, chacun avec sa femme, et on les avertit qu'ils ne pourraient posséder leur jeune épouse que par l'adresse et la violence. On accoutumait les jeunes filles de Sanor à se rendre légères à la course ; et le premier jour de leurs noces, elles n'accordaient leurs faveurs qu'après les avoir bien fait gagner par des fuites, des détours, et des refus d'autant plus agaçans, qu'elles se faisaient poursuivre à demi-nues dans la chambre nuptiale. Le lendemain, Tristan et Williams nous dirent qu'ils avaient eu bien de la peine, mais qu'ils s'en étaient tirés à leur honneur, et le plus agréablement qu'il fût possible. Ils nous engagèrent ensuite à les imiter, en nous promettant, dans le mariage, mille plaisirs que nous étions loin d'y attendre. Leurs discours firent tant d'impression sur Édouard, qu'il se maria trois jours après, avec la fille du maître du vaisseau qui nous avait amenés dans l'île de Sanor.

Cependant les affaires de Clairancy allaient à merveille. Après avoir filé le parfait amour pendant deux longues semaines avec son impératrice, il obtint ses plus chères faveurs, et remplit le rôle d'époux auprès de la plus belle femme de l'île; il n'en fut que plus chéri, et devint si nécessaire à la princesse, que l'empereur aurait pu se douter de la chose, s'il eût été moins entièrement livré aux plaisirs de la chasse. Nous nous réjouissions tous du bonheur de Clairancy, parce qu'il n'en était pas plus orgueilleux, et que, loin de nous oublier, il nous faisait obtenir tous les jours des faveurs sans nombre. Son crédit alla si loin, qu'il excita l'envie de plusieurs courtisans qui résolurent de le perdre.

En même temps le Manseau, qui portait ses vues un peu moins haut, faisait une cour assidue à la première femme de chambre de l'impératrice. Les scrupules qui l'empêchaient de se marier, lui laissant la conscience nette sur un lien amoureux, il demandait tous les jours à être heureux amant ; mais la femme de chambre, sans s'embarrasser de la différence des religions, auxquelles on regarde peu dans Sanor, jurait de n'accorder son cœur et le reste, qu'en échange du titre d'épouse ; de façon que Martinet ne savait à quoi se décider, d'autant plus qu'il devenait de jour en jour plus éperdu d'amour. Néanmoins il protesta si adroitement qu'il épouserait, si on le rendait heureux ; il répéta tant de fois que les seules choses qui l'empêchassent de contracter mariage, étaient la petitesse de la demoiselle et la crainte de ne pas se convenir ; il fit si bien, en un mot, qu'il obtint tout ce qu'il désirait, après trois ou quatre semaines de constance et de soupirs.

Ainsi, mes cinq compagnons ne songeaient qu'à leur amour, tandis que le grand écuyer de l'empereur s'occupait fortement de la perte de Clairancy, et probablement de la nôtre. On vint avertir la princesse que ce perfide courtisan avait révélé au monarque tout ce qu'il soupçonnait de ses amours, et qu'on veillait sur sa conduite. Elle entrevit, avec frayeur, la mort de son favori, que l'empereur avait seul le droit de juger ; et elle s'abandonnait déjà aux transes du désespoir, quand une indigestion la délivra de son époux. Il fut cependant pleuré, parce qu'il avait été bon. Mais j'avoue, peut-être à notre honte, que nous ne fûmes point trop fâchés de sa mort, quand Clairancy nous apprit en quelle position il nous mettait, par son commerce avec la princesse.

On fit, hors de la ville, les funérailles du monarque. L'impératrice nous fit dire de ne pas y assister. Cette défense nous donna de l'ombrage. Nous apprîmes qu'on avait immolé trois jeunes filles sur le cadavre impérial, et qu'on les avait enterrées avec lui, pour servir leur empereur dans l'autre monde. Cette horrible cérémonie nous aurait fait faire de graves réflexions, si nous n'en eussions été détournés par les fêtes funèbres, qui se célébrèrent pendant six jours dans la capitale, immédiatement après la sépulture du monarque. Nous y vîmes divers combats d'animaux, assez divertissans, à la suite desquels l'impératrice prit les rênes de l'état. Les magistrats nommèrent un gouverneur, qui devait régner sur les hommes pendant les neuf mois de veuvage; car, au bout de ce temps de deuil, la souveraine de Sanor était obligée de se remarier. Les choses redevinrent bientôt paisibles; on éloigna l'écuyer indiscret, par une ambassade, et nous oubliâmes toutes les idées noires, dans le sein du bonheur qui nous entourait. On verra que ce bonheur ne devait pas être de longue durée.

CHAPITRE XXII.

Tribunaux des deux sexes. Mendicité réprimée. Dispute religieuse.

Quelques jours après, on nous annonça qu'on allait juger un grand criminel. Nous nous rendîmes de suite, le Manseau et moi, au palais de la justice, où les juges étaient déjà rassemblés au nombre de vingt. Nous demandâmes à un citadin si tous ces juges étaient en fonction. — Non, répondit-il, il n'y a jamais que cinq juges pour les causes majeures, et deux pour les petits procès. Mais comme les plaideurs pourraient chercher à séduire ces ministres des lois, les magistrats en nomment tous les jours vingt dans le premier cas, dix dans le second. On tire ensuite au sort, et ceux que le hasard désigne, montent au tribunal.

Pendant qu'il disait ces mots, on avait jeté les noms dans une petite urne; les cinq juges dont les noms sortirent les premiers, se placèrent sur leurs siéges ; les quinze autres se retirèrent. Le premier des cinq qui allaient juger, présida, et fit entrer soixante vieillards vénérables; on jeta leurs noms dans la même urne, et on en prit quinze au hasard, pour former ce que les Sanorliens appellent *le collége des juges muets* (*).

(*) Cette institution répond à notre juri, et donne ses suffrages avec des boules de diverses couleurs.

Ces divers préparatifs durèrent bien un quart-d'heure. Maintenant, nous dit le citadin qui nous avait déjà parlé, vous allez entendre la cause. Comme les juges changent tous les jours, on est obligé de leur donner lecture des pièces, quoiqu'ils les connaissent déjà ; car il bon que vous sachiez que l'affaire en question est sur pied depuis quatre jours. Il est vrai qu'elle est importante : il s'agit d'une calomnie, et la punition en est si terrible, qu'on peut bien réfléchir un peu longuement avant de condamner. Néanmoins on doit en finir aujourd'hui, car le peuple commence à se plaindre des lenteurs de la justice. —Eh ! quoi, dit Clairancy, vous trouvez déjà la cause longue, quand elle a duré quatre jours ?.... — Certainement, répondit le Sarnolien ; ici comme ailleurs, les condamnés paient les frais, et si un homme se rend devant les tribunaux, il n'est pas juste que sa femme et ses enfans soient ruinés, sans être coupables ; autrement nous serions aussi malheureux que les Felinois nos voisins, chez qui on a vu des procès durer vingt jours !... — Eh ! bon dieu, s'écria le Manseau, que diriez-vous donc, si vous étiez dans certains pays, où une cause n'est que d'une longueur passable, quand elle n'a traîné que vingt ans ?.... — Vingt ans ? reprit notre homme stupéfait, et combien donc ces gens-là vivent-ils de siècles ? — Ils vivent un peu moins que vous ; mais ils passent les trois-quarts de leurs jours à plaider.... Ce pauvre homme allait s'extasier encore, quand l'huissier public rapporta l'affaire dont il s'agissait. Un négociant de Sanor, ayant rompu avec son associé, l'accusait de plusieurs friponneries, et cherchait à lui faire perdre la confiance publique. Le calomniateur, traduit devant les tribunaux, ne pouvait produire aucune preuve de ses assertions. Vingt témoins de bonne réputation déposaient en faveur du calomnié; toutes les mesures étaient remplies; il fallait prononcer. Nous ne voyions point d'avocat; le président en fit l'office selon l'ordinaire, et parla pour le coupable. Personne ne parla pour l'innocent, qui n'en avait plus besoin. Mais malgré les efforts du président pour excuser à demi le calomniateur, les quatre juges et le collége des juges muets, le condamnèrent à la grande peine de ces sortes de crimes.

Aussitôt que le président eut prononcé la sentence d'une voix triste, tous les spectateurs se retirèrent. Nous fûmes obligés d'en faire autant. En sortant je demandai à notre complaisant interprète pourquoi il n'y avait point d'avocats.—Nous en avons eu, me dit-il, mais le désir de trop gagner les égarait souvent hors de leur devoir. Ils fascinaient l'esprit des juges, traînaient les causes en longueur, et mirent plus d'une fois le crime en sûreté aux dépens de l'innocence. Nous n'en avons plus; le président défend lui-même les coupables; les autres sont assez protégés par la justice de leur cause.

Je demandai encore pourquoi on sortait si promptement de la salle d'audience. — Pour ne pas humilier le condamné, répondit-il ; on va l'emmener chez lui en subissant sa peine, et tout le monde se retirera de son passage. — Mais quelle est cette peine, continua le Manscau? — Il aura sur la tête un grand bonnet, sur lequel on lira ces mots, qu'un exécuteur de justice proclamera encore devant lui : *Cet homme est un calomniateur.* Il fera de la sorte une procession d'une heure par la ville, pendant cent jours ; après quoi tout sera fini. Le châtiment est bien sévère ; mais c'est un si grand crime que de chercher à assassiner la réputation !....

Comme le peuple était assez réservé pour ne pas aller insulter au malheureux, nous ne voulûmes point nous montrer plus inhumains, et nous entrâmes dans une autre salle où les femmes-juges prononçaient sur de petites causes. Les cérémonies étaient les mêmes que dans la salle des procès criminels, excepté qu'il n'y avait que deux juges. L'huissière publique prenait la parole au moment où nous entrâmes. Elle exposa la plainte d'une blanchisseuse qui demandait justice, parce qu'un cheval échappé avait bu l'eau de son baquet. Cette femme prétendait que le maître du cheval devait venir en personne remplir son baquet d'eau nouvelle, ou l'indemniser de sa perte. Après quelques questions, auxquelles on répondit par des extravagances, les juges femelles condamnèrent la plaignante aux frais, qui étaient à la vérité fort minces, et à la huée publique, pour avoir plaidé sans sujet plausible. Quant au maître du cheval, il fut obligé de donner une pièce d'or au profit des pauvres, parce qu'il avait laissé échapper son cheval.

Après cette sentence, attendu qu'il ne se présentait plus de plaideurs, et qu'il était déjà tard, la séance fut levée.

Nous avions remarqué qu'il n'y avait point de mendians dans Sanor; cette particularité nous paraissait un miracle, car nous connaissions peu de pays dans notre monde qui n'en fût infesté. La sentence qui venait de condamner un bourgeois à une amende au bénéfice des pauvres, nous rappela l'idée de chercher à connaître comment on traitait les malheureux dans l'île où nous nous trouvions. Le soir donc, étant allé voir Tristan, je priai son beau-père de terminer mon embarras là-dessus. — La mendicité, me dit-il, est considérée chez nous comme le manteau de la paresse et des mauvaises mœurs ; elle est encore en usage dans plusieurs pays voisins ; mais ici il y a long-temps qu'elle est réformée. Les états où l'on souffre des vagabonds, sont ordinairement désolés par des brigands et des fripons. La liberté d'errer dans les provinces leur donne les moyens de se soustraire aux regards de la police, qui veille sur tous les citoyens ; ils se réunissent en bandes, et pillent sur les chemins ; dans les villes même ils peuvent faire le métier de voleurs, et alors il n'y a plus de sûreté. C'est pourquoi on reçoit dans de vastes hôpitaux les pauvres infirmes, ou trop vieux pour travailler encore. Les autres malheureux désœuvrés et bien portans, sont occupés sur les routes, dans les travaux de l'état, et dans des ateliers publics, suivant leurs forces et leurs talens. Ils ont, comme tout le peuple, un jour de repos sur cinq de travail, et toute la nation s'en trouve bien ; outre qu'elle n'a pas la douleur de voir partout le tableau des misères humaines, elle a la satisfaction de savoir que les pauvres gens jouissent d'un sort supportable, qu'ils doivent à notre mère commune, la patrie. — Mais où trouvez-vous des fonds pour couvrir toutes les dépenses de ces établissemens, demandai-je? — Ces dépenses sont moins considérables que vous ne l'imaginez, répondit le gouverneur du port; la plupart des malheureux gagnent, par leur travail, de quoi satisfaire à leurs besoins, et les établissemens, nombreux d'abord, deviennent assez rares, parce qu'ils ont effrayé la paresse, et qu'il y a maintenant peu de paresseux. D'ailleurs, toutes les amendes pécuniaires sont au profit des pauvres, tant de ceux dont l'état prend soin, que de ceux qui vivent dans leur petit particulier. Dans les temps de disette, on y consacre une partie des impôts.

Un autre jour j'allai passer la soirée, avec Clairancy et le Manseau, dans une espèce de café public; il s'y trouvait un grand nombre d'étrangers, que le commerce rassemblait à Sanor. Après divers entretiens, il s'éleva entr'eux une dispute sur les religions, et chacun, comme de droit, donna la préférence à la sienne.

— Pour croire qu'une religion vient de Dieu même, dit un petit homme de deux pieds et demi, il faut qu'elle soit prouvée par des prodiges. Or, rien de plus merveilleux que la vie de notre grand prophète Ellimant. Les Vallis, plongés dans l'ignorance et la barbarie, n'adoraient d'autres dieux que les nuages et les arbres qui donnent du fruit. Ellimant naquit dans une pomme, et il nous apprit qu'il n'y avait d'autre Dieu que l'air, qui réjouit et anime toute la nature. Il enseigna encore que le pommier était un arbre de prédilection, et que tous les amis de Dieu ne devaient manger ses fruits qu'à genoux.

Comme Ellimant se disait envoyé d'en haut pour conduire les Vallis au séjour immortel, où ils mangeront les pommes debout, on ne voulut pas le croire sans miracle : il en fit donc.

Une grande montagne séparait notre principale ville d'un fleuve où il fallait aller puiser de l'eau ; Ellimant étendit le doigt sur la montagne : la montagne se fendant en deux, ouvrit un chemin facile, et depuis quatre mille ans que le miracle a eu lieu, les deux parties de la montagne ne se sont jamais rejointes.

Un énorme serpent, long de quatre-vingt pouces, et d'une grosseur proportionnée, ravageait le pays ; Ellimant fit un signe, et le serpent s'envola sous la forme d'une flamme noirâtre.

Un mauvais génie, envoyé par le démon de la nuit pour perdre Ellimant, se montra au peuple rassemblé, et se mit à prêcher contre le divin prophète. Ellimant jeta un peu d'eau au visage du mauvais génie, et le tua. Le monstre se releva bien vite sous la figure d'un grand ours. Ellimant le frappa de sa baguette, et le fendit en deux. La moitié supérieure du mauvais génie se ranima encore sous la forme d'un oiseau hideux ; l'autre partie prit la figure d'un loup. Alors Ellimant rompit les ailes de l'oiseau, et força les deux animaux à se battre ; puis comme le peuple était effrayé, le prophète pria le dieu de l'air et du jour de rassurer l'assemblée. Aussitôt un grand oiseau de couleur de feu fondit sur les deux montres qui se battaient, et les enleva à la vue de tout le monde. De pareils prodiges se renouvelèrent tant de fois, qu'ils faudrait être idiot, pour ne pas croire à la mission du divin Ellimant.

— Nous autres, répliqua un Banois, nous n'admettons point de ces bizarres merveilles, qui prêtent au ridicule des armes contre la religion. Nous ne pensons pas qu'il puisse y avoir un démon de la nuit, ni aucun esprit méchant. Nous croyons que Dieu est unique, qu'il règne souverainement sur toute la nature, entouré de ses anges, qui sont ses ministres.

—Dieu n'a pas besoin de ministres, interrompit un Noladan ; ses ministres sont ses volontés. Il règne seul, et il n'a point voulu faire d'autre miracle que celui de la création du monde.

Avant cette époque, il n'y avait point de lumière, excepté dans la partie du ciel habitée par Dieu même, et cette lumière était produite par la présence de Dieu. Un poisson, plus gros que notre globe, occupait la partie inférieure de l'espace. Un bouc, de la longueur de cinq mille journées de chemin, vivait de temps immémorial dans une plaine suspendue au-dessus du poisson monstrueux ; et un pigeon, de la grosseur de soixante villes fortes, habitait la partie supérieure du vide.

Quand Dieu voulut faire le monde, le bouc fut changé en ce globe que nous habitons ; le grand poisson devint liquide, et forma les mers, les rivières et les nuages : le pigeon, à son tour, subit sa métamorphose ; il fut changé en air, et nous le respirons tous les jours. Après cela Dieu envoya une portion de sa lumière sur la terre, avec l'ordre de l'échauffer, de la peupler d'hommes et d'animaux, et de l'éclairer jusqu'à la fin. La lumière obéit, et, après Dieu, nous adorons la lumière qui nous le représente.

— Ce qu'on vient de vous conter là, ajouta un vieillard Olfe, est bon tout au plus à amuser des enfans. Voici notre croyance à nous, et elle est fondée sur des faits munis de preuves. Avant que cette terre existât, le monde était habité par le génie du bien, sous la forme d'un grand lézard, et par le démon du mal, sous la forme d'une grande tortue. Le génie du bien voulut faire le globe et le peupler; le démon du mal le voulut bien aussi. Mais quand le génie du bien avait produit un fleuve, le démon du mal l'empoisonnait aussitôt; quand le génie du bien plantait un fruit doux, le démon du mal le rendait amer ; de sorte qu'après bien des débats, ils se séparèrent. Le démon se mit à créer la nuit, le tonnerre et les bêtes féroces; mais comme il était fort lent, le génie du bien créa plus vite que lui, et il produisit la lumière, avec tout ce qu'il y a de bon dans le monde. Le démon du mal voulut encore tout gâter ; mais le génie du bien, étant devenu plus fort que lui, le couvrit d'une écaille, et le précipita dans la mer, d'où il n'a jamais pu sortir. Après cela, le génie du bien se retira dans le ciel. Depuis ce temps, tous les petits monstres que le démon du mal avait taillés sur son modèle, portent, comme lui, une écaille pesante qui a la vertu de les empêcher de nuire ; et tous les êtres que le génie du bien a créés, ayant conservé sa forme et sa bienfaisance, sont adorés chez nous après leur créateur. On leur sacrifie les tortues et les étrangers qui ont tué par ignorance ou par malice le lézard respectable....

D'autres étrangers racontèrent à leur tour de pareilles extravagances. Un Alburien exposa sa théologie en peu de paroles. On la trouva trop simple, et tous les amis du merveilleux traitèrent les Alburiens d'ignorans. Après cela, on nous demanda notre avis. Nous repondîmes franchement que le seul culte digne des mortels, était celui du royaume d'Albur, et qu'après celui-là, nous préférions la religion de Sanor; mais nous ne connaissions que la théorie de cette dernière, qui nous avait paru fort simple.

Ces étrangers, intéressés à dire autrement, nous regardèrent alors de tous leurs yeux ; puis ils s'entre-parlèrent en riant avec dédain, et sans doute en disant que nous étions aussi des gens encrassés dans l'ignorance.....

CHAPITRE XXIII.

Mariage du Manseau. Divorce de Willams. Mariage de Clairancy. Epidémie. Mort de Williams. Décrets terribles du chef des prêtres de Sanor. Funérailles sanglantes. Fuite.

Edouard et Tristan faisaient assez bon ménage avec leurs petites épouses. Le Manseau différait toujours de tenir sa promesse de mariage à la première femme de chambre de l'impératrice, et cette pauvre fille mettait tout en œuvre pour l'engager à cette démarche; mais c'était un peu parler à un sourd. Malheureusement, à force d'être courtisée par le Manseau, la femme de chambre devint grosse ; Martinet sentit un peu ses entrailles émues, à l'idée qu'il était père ; cependant il ne s'en décida pas davantage.

Or, dans cette île, où la bonne moitié des femmes s'écartait, sans scrupule et sans danger, de la fidélité conjugale ; dans cette même île, il y avait une loi qu'on appelait morale, et qui condamnait à la peine de mort toute jeune fille abusée, qui devenait enceinte, et que le séducteur ne voulait pas épouser. Rarement il se trouvait des hommes assez abominables pour laisser mourir la faible amante dont ils avaient ravi les prémices, d'autant plus qu'on pouvait divorcer après neuf mois de mariage; mais enfin il y en avait quelquefois, et ils n'avaient d'autre châtiment à craindre que le mépris public, et l'exclusion de tous les honneurs.

Six mois après la mort de l'empereur, un jour que nous nous promenions sur le port, le Manseau et moi, vingt soldats bien armés vinrent prier mon compagnon de les suivre. On le conduisit sur-le-champ au tribunal. La justice venait d'apprendre la grossesse de la femme de chambre; elle avait accusé le Manseau pour l'auteur de la chose. Les juges, qui étaient de vieilles femmes, firent comparaître Martinet; et après un petit sermon sur son incontinence, elles l'engagèrent à rendre l'honneur à son amante, s'il ne voulait la voir marcher à la mort. Les pleurs de cette pauvre fille, et l'amour que le Manseau avait pour elle, plaidèrent si bien sa cause, que le mariage fut résolu. Il se célébra le lendemain avec les cérémonies ordinaires. Martinet s'en consola, par l'espoir de se voir bientôt revivre dans un enfant dont il serait vraiment le père, et par la promesse que lui fit sa femme, de ne songer qu'à son bonheur.

Pendant ce temps-là, Williams, qui ne voyait point de salut pour les infidèles, et qui se désolait d'avance de la damnation certaine de sa jeune épouse, Williams s'efforçait de la convertir. Mais la fille du chef des prêtres de Sanor était bien endoctrinée dans la religion de son pays ; et comme elle avait plus d'esprit que son époux, elle le battait théologiquement ; peu s'en fallut même qu'elle n'amenât Williams à embrasser sa religion, au lieu de se rendre à la nôtre.

Ce pauvre homme, qui n'aimait pas qu'on lui raisonnât, finit par déclarer à sa femme qu'il voulait qu'elle se fît chrétienne, et il la persécuta si fort là-dessus, qu'elle divorça, et se retira chez son père. Le vieux prêtre, indigné des procédés de son gendre, résolut de s'en venger. Le hasard lui en fournit bientôt l'occasion. En attendant, Williams revint demeurer avec moi, qui restais presque seul de la troupe au palais qu'on nous avait donné pour logement.

Bientôt après, les neuf mois du deuil de l'impératrice s'écoulèrent. L'amour qu'elle avait pour Clairancy ne s'était point éteint dans la jouissance; il semblait au contraire qu'ils s'aimassent plus que jamais. Comme la souveraine de Sanor était libre de se choisir un époux, elle n'en chercha point d'autre que Clairancy. Le pauvre garçon eut la faiblesse de se réjouir de la perspective du trône; il s'imagina qu'il y serait assez heureux pour oublier sa patrie...

Ce mariage se fit à notre grande joie, parce que nous pensions qu'il cimentait à jamais notre bonheur. Mais il y avait à peine trois jours que Clairancy commandait à Sanor avec le titre d'empereur, lorsqu'une catastrophe imprévue vint rabattre notre joie. Une maladie épidémique, produite par des pluies chaudes et des brouillards pestilentiels, ravagea la capitale. L'épouse de Williams mourut. Son père au désespoir, voulut au moins s'en consoler, en exerçant ses vengances sur celui qui l'avait tant tourmentée pendant six mois. En vertu de son pouvoir absolu sur les funérailles, il ordonna que Williams serait brûlé sur le tombeau de sa femme.

Aussitôt que nous apprîmes ce décret terrible, et qu'on nous eut dit qu'il était de temps en temps en vigueur à Sanor, nous fûmes tous saisis d'effroi. L'empereur voulut inutilement interposer son autorité pour sauver son ancien camarade; l'ordre du chef des prêtres devait s'exécuter, sans qu'il fût même possible d'en adoucir la rigueur. Williams, qui était alors mal portant, fut si frappé de l'approche d'une mort aussi cruelle, et qui lui semblait inévitable, qu'il fut obligé de se mettre au lit. Comme les funérailles ne devaient se faire que dans deux jours, il nous dit alors qu'il était décidé à fuir au commencement de la nuit, et qu'il nous engageait à l'imiter; mais il n'en eut pas la force : son mal augmenta d'heure en heure, et, soit par l'épidémie, soit par la terreur du bûcher, il mourut le lendemain soir, entre nos bras. Clairancy était présent, ainsi que tous nos autres camarades. Nous lui donnâmes des pleurs bien sincères; notre troupe était diminuée : notre sort nous parut affreux.

Nous nous proposions de faire des obsèques honorables à notre pauvre compagnon : notre palais était entouré de soldats qui nous enlevèrent le corps de vive force, et l'emportèrent chez le prêtre, qui le fit brûler comme s'il eût été vivant. Nous étions tous consternés ; mais ce n'était là que le commencement de nos peines.

La mort, qui frappait des milliers de victimes, enleva encore la femme de Tristan. Le chef des prêtres crut qu'il devait profiter de cette seconde occasion de satisfaire à sa vengeance, d'autant plus que c'était à Tristan qu'il devait le malheureux mariage de sa fille. La femme de Tristan était noble, et devait être enterrée dans une espèce de souterrain extrêmement profond, où reposaient ses ancêtres (*). Pendant que nous déplorions le malheur de notre compagnon veuf, et qu'il pleurait sincèrement la perte d'une épouse adorée, le chef des prêtres de Sanor lançait un second décret, qui condamnait Tristan à être enterré vivant avec la dépouille mortelle de sa femme. Ce coup, si terrible pour nous, produisit sur l'esprit de Tristan un autre effet que celui que la peur du bûcher avait produit sur Williams. Il ne songea point à fuir, mais à se venger. Il fit dire à Clairancy que,

---

(*) Il y avait dans cette île, comme en Europe, une noblesse héréditaire.

s'il aimait encore ses compagnons, il comptait sur son secours...

Sur ces entrefaites, le Manseau vint tout effrayé nous dire que sa femme était malade, et qu'il délogeait du pays..... Mais nous étions tous, au bout d'un moment, gardés à vue par plus de deux cents hommes. Clairancy seul jouissait de sa liberté.

L'heure des funérailles étant venue pour la fille du gouverneur du grand port, on vint l'enlever en cérémonies, et l'on emmena, avec le corps, le désolé Tristan, qui avait eu soin pourtant de se bien armer. Nous le suivîmes, armés pareillement, et décidés tous à agir. Nous avions concerté un carnage qui pouvait avoir de bons résultats, s'il était heureux. Clairancy nous avait promis de venir avec sa garde à notre secours, et d'exterminer le chef des prêtres et tous ses gens d'armes. Mais lorsqu'il parla aux soldats qui le servaient, de marcher contre la milice sacrée, tout le monde jeta ses armes et s'enfuit. Il accourut donc seul, et parut près de nous au moment où l'on allait saisir Tristan pour le jeter dans le souterrain. Il tira un long cimeterre, et en criant : Que tout les Sanorliens fidèles imitent leur empereur ! qu'on extermine ces lâches !.... en criant ces mots, il frappe le chef des prêtres de Sanor, et le précipite mourant dans le caveau. Il s'attendait à être secondé... tous les spectateurs prirent la fuite à la vue de notre attentat, et nous comblèrent de malédictions.

Nous restâmes donc seuls en tête de deux ou trois cents archers au salaire des prêtres du pays. Mais la fureur qui nous animait, redoublant notre force et notre courage, toute cette troupe fut, en moins d'une demi-heure, dispersée ou étendue sur la poussière. Après cela, nous rentrâmes dans notre logis, chacun y prit les choses dont il pouvait avoir besoin dans la route, et nous nous disposâmes à partir. Clairancy voulut auparavant aller dire adieu à son impératrice, qu'il aimait véritablement; nous lui représentâmes en vain qu'il ferait mieux d'éviter la tristesse d'une pareille séparation ; il ne nous écouta point. Il fallut donc l'accompagner, pour l'empêcher d'être faible. Mais dès que l'impératrice aperçut son époux maudit, elle prit la fuite, et lui cria de se purifier avant de s'approcher d'elle...

—Puisque tout le monde est ici abruti par la superstition, dit Clairancy consterné, partons.... La nuit commençait à prendre la place du jour; nous sortîmes de la ville; tout le monde fuyait à notre aspect. Lorsque nous eûmes gagné la porte la plus prochaine du port, nous fûmes tout étonnés d'entendre une voix qui appelait Martinet. Il s'arrêta, et reconnut sa femme. — Hé, mon dieu! lui dit-il, je te croyais au lit?—Ma maladie n'est point dangereuse, reprit-elle, et tu me quittais...Je veux te suivre; je t'apporte mes richesses; elles te serviront dans un autre pays... Cette tendresse, et le bon esprit de cette femme, qui ne craignait pas de se mêler à des gens maudits, nous donnèrent tout à coup de l'estime pour elle. Il fut décidé que nous marcherions plus lentement, et que la femme du Manseau serait notre fidèle compagne. — Au bourg prochain, dit Martinet, j'habille ma femme en homme; elle remplacera le pauvre Williams, et nous nous figurerons encore que nous sommes six.

En disant ces mots, nous nous avançâmes sur le port; il était si bien gardé, qu'il nous fut impossible d'en tenter l'approche. Nous avions le projet de nous saisir d'un bâtiment quelconque, et de rentrer au plutôt dans le royaume d'Albur. Après avoir délibéré pendant un quart-d'heure sur ce que nous avions à faire, il fut décidé que nous côtoyerions la mer jusqu'à un autre port, que nous savions éloigné de six lieues du premier.

A peine étions-nous à deux lieues de la capitale de Sanor, qu'un vent bruyant nous annonça un orage prochain et terrible. Les ouragans étaient moins fréquens dans le petit globe que dans le nôtre; cependant nous avions déjà plusieurs fois entendu gronder le tonnerre; les éclairs avaient brillé à nos yeux avec autant d'éclat et de force que dans le monde sublunaire. Les pluies et les vents, assez rares dans Albur, étaient forts communs à Sanor; mais dans tout le globe souterrain, les orages violens étaient annoncés par un vent du midi, qui souflait avec fureur, et déracinait les plantes et les arbres.

La foudre gronda bientôt sur notre tête; la nuit était d'un sombre effrayant, et le vent qui poussait les nuages, les accumulait sans les dissiper. Nous ne tenions aucun chemin, parce que nous ne voyions plus à nos pieds. La peur de nous jeter dans quelque précipice ou dans la mer qui était à notre droite, nous engagea à tourner nos pas vers notre gauche, et à gagner une forêt voisine, où nous espérions rencontrer quelque abri. Nous y passâmes une nuit horrible, sans trouver où nous garantir de la pluie qui tombait à flots, et sans oser nous appuyer contre les arbres, que le vent et la foudre brisaient à tout instant.

L'orage se calma quand le jour parut; mais alors, en sortant de la forêt, nous pouvions tomber entre les mains des gens du pays, qui étaient sans doute à notre poursuite. Il fallut donc nous décider à traverser une grande étendue de bois épais, (que, fort heureusement, plusieurs parties de chasse nous avaient fait connaître), et à ne paraître que de nuit sur le port où nous voulions nous embarquer.

Nous fîmes, ce jour-là, peu de chemin. Nous avions compté trouver dans la forêt quelques fruits nourrissans : notre attente fut trompée; il n'y avait autour de nous que des arbres stériles. Edouard et Clairancy chassèrent aux bêtes fauves ; ils tuèrent une espèce de chevreuil blanc, de la grosseur d'un chevreau de six jours, et nous l'apportèrent. Mais nous retombâmes dans un nouvel embarras : nous n'avions aucun moyen d'allumer du feu ; nos armes étaient d'une sorte de bronze, bien trempé, et presqu'aussi dur que le fer, pour l'usage auquel on les destinait ; mais le choc du caillou n'en faisait jaillir aucune étincelle. Je voulus enflammer deux bâtons, en les frottant fortement l'un sur l'autre, comme font certains peuples sauvages de notre monde ; la pluie avait tout rempli d'humidité. Ainsi nous mourions de faim ; nous avions un bon morceau sous les yeux, et nous ne pouvions le manger, à moins de l'avaler cru. Cependant, nous n'avions rien pris depuis la veille au matin ; il était bientôt nuit, et les chagrins, les frayeurs, le combat que nous avions livré, l'orage de la nuit dernière, nous avaient donné un appétit dévorant. Quelques-uns de nous mangeaient déjà les feuilles des arbres, en attendant un mets plus nourrissant, lorsque Clairancy les arrêta, et dit à la troupe affamée, qu'il allait se rendre à un gros bourg peu éloigné ; que les Sanorliens auraient peut-être conservé un peu de respect pour leur empereur, et qu'il rapporterait des vivres.... La femme de Martinet, qui avait oublié sa maladie, et qui partageait nos maux avec le plus grand courage, ne le laissa pas achever.—Gardez-vous de compter sur des respects, lui dit-elle ;

vous êtes maudit publiquement, pour avoir porté une main sacrilége sur le chef des prêtres de Sanor. Tous les citoyens ont ordre de vous tuer, depuis que la nuit a passé sur votre crime, et vous devez vous attendre à être recherché soigneusement, parce qu'on va regarder l'orage que nous venons d'essuyer, comme une marque de la colère du ciel....

En achevant ces mots, cette courageuse femme nous offrit d'aller elle-même chercher des vivres, en nous disant qu'elle n'avait aucun danger à craindre. Comme sa grossesse était avancée, et qu'elle en était encore plus incommodée que de la faim, nous ne voulûmes pas consentir d'abord à la voir s'écarter de nous; mais elle ne se rendit point à nos raisons, et s'obstina à partir seule, en nous faisant promettre de l'attendre au lieu où elle nous laissait, et en nous disant qu'elle aimait mieux souffrir un peu de fatigue, que de mourir d'inanition avec nous, elle et l'enfant qu'elle portait dans son sein.

FIN DU TOME SECOND.

TABLE

Des Chapitres du Tome Deuxième.

Chapitre XIII. *Le monde souterrain. Petits hommes. Lumière du soleil. Phénomène.* 1

Chap. XIV. *Sauvages du petit globe. Réception singulière.* 21

Chap. XV. *Nation policée. Lunettes à longue vue.* 37

Chap. XVI. *Le royaume d'Albur. Une ville forte. Logemens. Manière de vivre. Costumes.* 52

Chap. XVII. *Volcan. Animaux singuliers. Veille d'une grande fête. De l'abstinence des viandes.* 82

Chap. XVIII. *Réjouissances publiques. Pyramide religieuse. Prêtres d'Albur. Feu d'artifice. Fête du grand O. Mariages. Maison des morts.* 105

Chap. XIX. *Voyage dans l'île de Sanor. Mers du petit globe. Réception honorable.* 132

Chap. XX. *Gouvernement. Bibliothèque. Justice singulière.* 152

Chap. XXI. *Amours de l'impératrice de Sanor et de Clairancy. Mariages. Usages bizarres. Funérailles du souverain de l'île.* 166

Chap. XXII. *Tribunaux des deux sexes. Mendicité réprimée. Dispute religieuse.* 187

Chap. XXIII. *Mariage du Manseau. Divorce de Williams. Mariage de Clairancy. Epidémie. Mort de Williams. Décrets terribles du chef des prêtres de Sanor. Funérailles sanglantes. Fuite.* 209

Fin de la Table du IIe volume.

www.ingramcontent.com/pod-product-compliance
Lightning Source LLC
Chambersburg PA
CBHW071948160426
43198CB00011B/1599